|台湾研究系列|

北京市社会科学基金项目成果

京台现代服务业合作的政府与市场关系研究

孙兆慧 著

九州出版社|全国百佳图书出版单位
JIUZHOUPRESS

图书在版编目（CIP）数据

京台现代服务业合作的政府与市场关系研究 / 孙兆
慧著. -- 北京：九州出版社，2017.12
　　ISBN 978-7-5108-6276-2

　　Ⅰ．①京… Ⅱ．①孙… Ⅲ．①服务业－经济合作－研
究－北京、台湾 Ⅳ．①F719

中国版本图书馆CIP数据核字(2017)第258194号

京台现代服务业合作的政府与市场关系研究

作　　者	孙兆慧　著
出版发行	九州出版社
地　　址	北京市西城区阜外大街甲 35 号（100037）
发行电话	(010)68992190/3/5/6
网　　址	www.jiuzhoupress.com
电子信箱	jiuzhou@jiuzhoupress.com
印　　刷	北京九州迅驰传媒文化有限公司
开　　本	720 毫米 ×1020 毫米　16 开
印　　张	12.5
字　　数	202 千字
版　　次	2018 年 1 月第 1 版
印　　次	2018 年 1 月第 1 次印刷
书　　号	ISBN 978-7-5108-6276-2
定　　价	36.00 元

前　言

近年来，大陆经济、北京市经济及两岸产业合作都呈现出在服务业领域加快发展的新态势：一是大陆进入服务业为主的经济形态，2012年第三产业增加值首次超过第二产业增加值，到2015年第三产业占GDP比重突破50%；二是两岸产业合作呈现出从制造业领域向服务业拓展的态势，2012年起台商对大陆服务业投资占全部投资比重历史性突破40%，2015年仍保持在40.23%；三是北京市形成了以现代服务业为主导的经济发展新局面。2015年现代服务业占北京市GDP比重为57.80%，对北京市GDP增长的贡献率更是高达88.07%，表明现代服务业成为北京市经济增长的第一引擎。

与此同时，京台两地在服务业领域的合作也逐渐加强，现代服务业又是两地服务业发展及合作的重点。而在现代市场经济体系下，产业发展由市场力量主导，但政府作用也不可或缺，核心是如何处理好政府与市场的关系。鉴于此，孙兆慧主持的北京市哲学社会科学规划办重点课题"京台现代服务业合作的政府与市场关系研究"（项目编号：13JDJGA016），旨在通过处理好政府与市场的关系深化合作，更好地促进两地现代服务业的合作发展，不仅有助于支撑两地经济的创新发展，也可为两岸产业合作的转型升级探索积累经验、提供示范效应。

本书共八章，全书主要内容如下：

第一章，导论。本章回顾评述政府与市场关系、两岸及京台服务业合作相关的理论和研究，厘清现代服务业基本概念和统计范围，并简要介绍本书的研究思路、方法及结构安排。

第二章，京台现代服务业发展及合作现状分析。分别分析了北京市及台湾现代服务业发展情况，以及两地现代服务业合作现状，包括合作的总体发展情况、面临的问题以及合作的重点领域。

第三章，京台现代服务业合作中政府与市场关系理论探讨。从政府与市场关系的一般理论出发，总结政府的一般功能及市场的一般功能；对改革开放以来大陆政府与市场关系的演变以及京台现代服务业合作中的政府与市场关系的变化进行回顾总结。结合政府与市场关系一般理论及其在大陆的历史演变，从理论层面探讨京台现代服务业合作中政府的作用和市场的作用。

第四章，京台金融业合作。分析北京市及台湾金融业的发展情况，弄清各自发展优劣势；对两岸及京台金融业合作情况进行分析，包括总体情况、面临的问题以及合作前景；分析京台金融业合作中政府与市场的关系。

第五章，京台现代信息服务业合作。分析北京市及台湾现代信息服务业的发展情况，弄清各自的发展特点及优劣势；对京台现代信息服务业的合作情况进行分析，包括整体概况以及在中关村这一重点区域的合作情况；分析京台现代信息服务业合作中政府与市场的关系。

第六章，京台文化创意产业合作。分析北京市及台湾文化创意产业的发展情况，弄清各自的发展特点和优劣势；对京台文创产业的合作情况进行分析，包括总体情况、面临的问题以及合作前景分析；分析京台文创产业合作中政府与市场的关系。

第七章，对京台现代服务业合作中政府与市场关系的再思考。在前述章节研究基础上，结合对京台现代服务业合作的理论探讨与3大重点产业的具体分析，对京台现代服务业合作中政府与市场的关系进行再思考，包括对京台现代服务业合作中政府作用及市场作用做出评价，对合作中政府与市场关系的问题弊端进行反思，提出未来优化的方向，以争取实现合作中有为政府与有效市场的有机统一。

第八章，结论与政策建议。对本书得出的主要结论进行系统总结，并提出深化京台现代服务业合作的具体政策建议。

本书的研究方法：一是文献研究法。对西方经济学中关于政府与市场关系的理论进行回顾评述，对中国特色社会主义市场经济下关于政府与市场关系的论述和研究进行回顾评述，对两岸及京台服务业合作现有研究进行总结和评价，共同作为本文研究的理论基础。

二是比较分析法。对京台现代服务业发展及各自发展中政府功能和市场作用等情况进行详细对比；对3个重点领域的合作进行对比，并在研究过程中穿插台湾与其他省市现代服务业合作的典型案例，将其与京台的合作进行对比，以更全面认识京台现代服务业合作中的经验及不足。

三是统计分析法。利用京台两地统计部门的相关统计数据进行统计分析，分析京台现代服务业发展特点及异同，研判各自的优劣势及成长前景，分析评价京台现代服务业的合作现状、合作成效及合作前景。

四是调研访谈法。本书写作过程中，课题组对北京市台办、北京市台商协会、中关村科技园区、经济技术开发区、金融街等政府部门、产业园区以及与京台现代服务业合作重点领域相关的行业协会等进行深入细致的实地调研或座谈访谈。

孙兆慧

2017 年 11 月

目　录

第一章　导论

当前北京与台湾都处于后工业化发展阶段，形成了以服务业为绝对主导的经济形态，并在服务业领域逐渐加强合作，现代服务业又是两地服务业发展及合作的重点。现代市场经济体系下，产业发展由市场力量主导，但政府作用也不可或缺，核心是如何处理好政府与市场的关系。本项课题选择探讨京台现代服务业合作中的政府与市场关系，通过处理好政府与市场的关系深化合作，更好地促进两地现代服务业的合作发展，不仅有助于支撑两地经济的创新发展，也旨在为两岸产业合作的转型升级探索积累经验、提供示范效应。本章将在阐述本项课题选题背景和研究意义基础上，回顾评述与政府与市场关系、两岸及京台服务业合作相关的理论和研究，厘清现代服务业基本概念和统计范围，并简要介绍本书的研究思路、方法及结构安排。

一、选题背景与研究意义

（一）选题背景

近年来，大陆经济、北京市经济及两岸产业合作都呈现出在服务业领域加快发展的新态势：

一是大陆进入服务业为主的经济形态。2012 年，大陆第三产业增加值达到 22.48 亿元，同年第二产业增加值为 22.46 亿元，第三产业首次超过第二产业，意味着大陆开始进入以服务业为主的经济形态。2012 年之后，第三产业呈现加速成长态势，在国民经济中所占比重持续提升，2013 年开始较明显高于第二产业占比；到 2015 年达到 50.2%，比第二产业所占比例高出 9.3 个百分点，首次超过半数（见图 1.1），表明大陆已经进入以服务业为主导的经济形态。

二是两岸产业合作呈现出从制造业领域向服务业拓展的态势。一直以来，两岸产业合作高度集中在制造业领域，在服务业领域的交往合作严重滞后于制造业。2010 年 6 月《海峡两岸经济合作框架协议》（Economic Cooperation Framework Agreement，简称 ECFA）签署和实施以来，台商在大陆的产业布局已逐渐向服务业拓展，以高新技术和现代服务业为代表的新一轮台商投资热潮正在形成。表 1.1 显示，2010 年以来，台湾核准台商对大陆投资中，服务业所占比例明显提升，2012 年已经超过 40%，服务业正在成为台商大陆投资增长的新引擎。

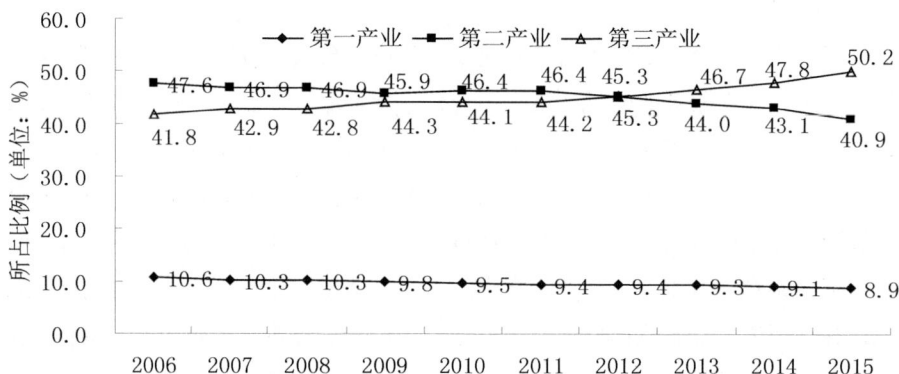

图 1.1　2006–2015 年中国大陆三次产业结构演变

数据来源：《中国统计年鉴 2016》。

表 1.1　2007–2015 年台湾核准对大陆投资行业分布（单位：%）

行业 / 年份	2007	2008	2009	2010	2011	2012	2013	2014	2015
农林渔牧业	0.17	0.15	0.10	0.05	0.03	0.07	0.02	0.03	0.02
工业	88.82	82.60	83.13	75.08	73.01	59.35	56.7	64.83	59.75
制造业	87.92	81.95	82.49	74.16	72.17	58.78	55.72	64.02	59.15
食品制造	0.64	1.77	4.72	1.36	1.41	1.14	1.37	1.31	0.48
纺织业	1.04	0.97	0.85	0.78	0.59	0.58	0.07	0.62	1.54
皮革、毛皮及其制品制造	0.56	0.25	0.53	0.57	1.08	0.71	0.75	0.47	0.39
化学材料制造	1.42	4.15	2.97	1.29	5.79	9.15	3.71	6.52	1.59
橡胶制品制造	0.98	0.14	0.02	0.48	0.46	0.72	0.58	0.02	0.42

续表

塑胶制品制造	5.85	4.64	5.05	2.84	2.61	1.44	2.03	1.05	1.97
非金属矿物制品制造	2.32	2.09	2.72	5.42	3.86	2.79	2.07	6.65	9.19
基本金属制造	5.19	6.81	1.32	2.31	2.04	1.90	3.38	3.83	3.01
金属制品制造	3.10	2.79	3.02	2.79	2.76	1.59	1.84	2.14	3.31
电子零组件制造	24.33	19.19	25.22	33.21	24.12	15.23	11.17	15.70	11.23
电脑、电子产品及光学制品制造	16.93	16.68	14.27	8.45	10.79	11.90	12.78	12.94	10.10
电力设备制造	10.50	9.97	6.48	4.67	4.48	3.42	5.01	2.93	4.49
机械设备制造	5.06	4.43	5.52	3.44	3.72	3.49	3.43	3.09	2.36
其他制造	9.98	8.07	9.80	6.57	8.46	4.72	7.53	6.75	9.07
服务业	9.86	14.80	15.73	24.01	26.87	40.58	43.28	34.86	40.23
批发及零售	4.13	4.67	10.40	7.63	8.57	9.94	11.27	10.66	6.20
金融及保险	1.18	2.39	0.68	3.42	8.74	13.49	20.68	16.14	25.41
不动产	0.14	0.27	0.24	7.72	2.88	10.46	3.15	3.17	2.91
其他服务业	4.41	7.47	4.40	5.24	6.68	6.69	8.18	4.89	5.71
未分类	1.15	2.45	1.04	0.86	0.09	0.00	0.00	0.28	0.00

数据来源：根据台湾"经济部投审会"数据整理计算得出，表中仅给出了主要行业的数据。

三是北京市形成了以现代服务业为主导的经济发展新局面。图1.2显示，过去10年除2010年外，北京市现代服务业占地区生产总值的比重都在上升，2007年所占比重首次突破50%，2010年该比重有所下降，但从2011年起该比重一直在50%以上的水平持续较快提升，到2015年已经达到57.80%，意味着现代服务业在北京市产业体系中已经占据主导地位。从现代服务业增加值对地区生产总值增长的贡献率看[1]，除2010年低于50%外，其余年份均在50%以上，从2011年起一直都维持在60%以上，2012年、2013年和2014年都接近70%，2015年更是高达88.07%，表明现代服务业扮演了北京市经济增长的第一引擎。显然，2011年以来，北京市形成了以现代服务业为主导的经济发展新局面。

---

[1]　现代服务业增加值对地区生产总值增长的贡献率＝（当年现代服务业增加值－上一年现代服务业增加值）/（当年地区生产总值－上年地区生产总值）×100%。

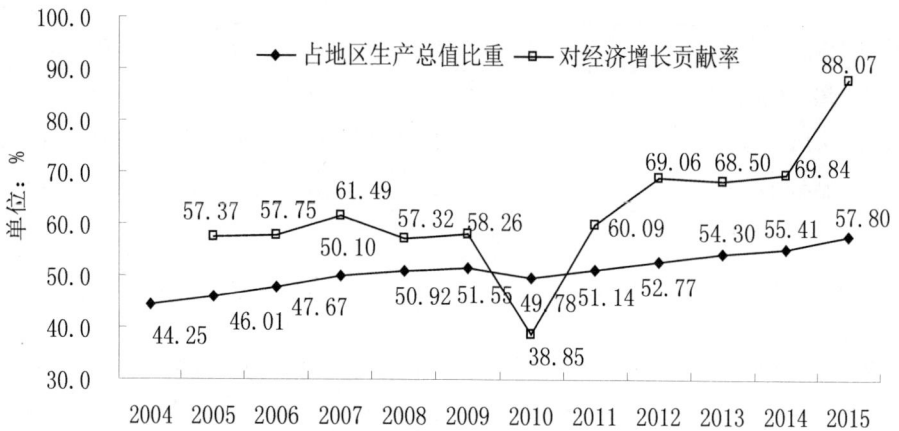

图 1.2 2004-2015 年北京市现代服务业所占比重及对经济增长贡献率

数据来源：根据《北京市统计年鉴 2014》《北京市统计年鉴 2015》《北京市统计年鉴 2016》中的相关统计数据计算得出。

总体来看，大陆经济发展及两岸产业合作都进入一个向服务业转型升级的新阶段，北京市更是形成了以现代服务业为主导的经济发展新局面，深化京台两地在现代服务业领域的合作正当其时。

（二）研究意义

现代产业的发展，市场起决定性作用，政府的作用也不可或缺。上述背景下，从政府与市场关系的角度来研究推动京台现代服务业深化合作，兼有理论价值与现实意义。

理论层面看，理论界既不缺乏对两岸产业合作的研究，更不缺乏对政府与市场关系的研究，但将两者结合起来，尤其是具体到京台现代服务业合作还是一个有益的尝试。将政府与市场关系的一般理论应用到这一具体问题中，探讨京台现代服务业合作中政府的角色、市场的角色以及两者的关系，是从理论层面对两岸产业合作的研究的丰富。

实践层面看，当前大陆正在积极推动产业转型升级，台资企业转型升级是其中的重要组成部分；京台两地也都在推动产业转型升级，深化两地合作是一种推动的方式。探讨推动京台现代服务业合作的深化，将直接为京台两地产业的转型升级提供支撑，切实服务于北京市经济的结构优化调整及创新发展，同时也为大陆台资企业的转型升级探索积累可资借鉴的经验。此外，鉴于北京作为首都的特殊影响力以及其在发展现代服务业方面对京津冀区域乃至全国的引领作用，也将为两岸产业合作进一步从制造业向服务业转型升级提供示范效应。

二、相关理论与文献评述

（一）政府与市场关系的相关理论及文献评述

1.西方经济学关于政府与市场关系的理论发展

政府与市场的关系是西方经济学长期关注的重要问题，最早可追溯到16—17世纪的重商主义。重商主义者推崇政府对市场的强制力，在他们看来，国家应该通过行政手段奖励出口，同时限制进口，以保证对外贸易顺差，从而达到不断积累国家财富的目的。重商主义之后，西方经济学关于政府与市场关系的理论发展大体上经历了以下三个发展阶段：

第一阶段是自由市场主义主导时期，大体上包括古典经济学和新古典经济学两个细分时期。古典经济学时期的代表人物是被誉为现代经济学之父的亚当·斯密，他在1776年出版的《国民财富的性质与原因的研究》一书中，阐述了"看不见的手"的思想，即认为经济发展受市场这只"看不见的手"的指导，主张经济的完全自由，让市场机制充分发挥作用，政府应尽可能地少干预经济，仅扮演好"守夜人"的角色。继斯密之后，李嘉图、萨伊、穆勒、巴师夏、西尼尔等人继承了经济自由主义思想，在不同程度上反对国家直接干预经济。[①]与古典经济学思想一脉相承，以马歇尔为代表的新古典经济学家也认为，市场机制具有内在稳定性，当经济活动出现波动时，可以自发调整实现均衡。在他们看来，政府没有必要对经济活动进行干预，政府需要做的事主要在于规范市场行为、维护市场秩序。

第二阶段是以凯恩斯主义为代表的政府干预主义主导时期。1929年至1933年，资本主义国家出现普遍性的大萧条，新古典经济学关于市场机制能自发调节实现经济均衡的理论无法解释这一现实问题。在此背景下，主张政府对经济活动全面进行干预的凯恩斯主义应运而生。凯恩斯本人主张放弃自由放任主义，

---

① 蒲国蓉、涂菲：《政府与市场关系理论演进及对我国的启示》，《中共成都市委党校学报》，2006年第2期，第64页。

实行政府对经济活动的干预，特别是通过宏观财政政策和货币政策来调控管理市场经济运行。第二次世界大战以后，凯恩斯主义成为西方经济学的主导学派，各主要资本主义国家普遍采取了干预主义政策。[①]

第三阶段是新自由主义与新凯恩斯主义并存时期。20世纪60—70年代，主要资本主义国家经济出现"滞涨"现象——即失业与通货膨胀并存，这与凯恩斯主义所认为的可以通过政府干预实现失业与通货膨胀相互替代的经济逻辑是相悖的，凯恩斯主义面临严峻挑战。在此背景下，以弗里德曼为代表的货币主义、以拉弗和费尔德斯坦为代表的供给学派、以卢卡斯为代表的理性预期学派、以布坎南为代表的公共选择学派等新自由主义迅速崛起。货币主义认为，私人经济具有内在稳定性，国家的经济政策会使其稳定性遭到破坏；政府的作用仅限于推行稳定的货币政策，以货币供给量作为手段调节整个经济，此外不需要干预经济。理性预期学派认为，政府干预经济活动的宏观经济政策要么归于无效，要么反而加剧经济波动，因此是不必要的。供给学派从"萨伊定理"[②]出发，认为需求会自动适应供给的变化，因此不需要政府对经济活动进行需求管理；政府应该做的是通过鼓励企业家投资创业刺激增加供给。公共选择学派将"经济人"假说从经济领域引入政治活动领域，认为政府及政府官员追求的都是自身利益的最大化，由此提出"政府失效"论，反对国家过度干预经济活动。可见，新自由主义的核心是回归自由放任的市场经济，认为政府仅在很小的限度内可以对经济活动进行一些干预。

新自由主义兴起后，坚持凯恩斯主义基本理念的学者在一定程度上吸收了新自由主义学派中理性预期以及宏观经济理论需要具有微观基础等观点，同时仍坚持凯恩斯主义"市场非出清"的核心观点，将工资及价格刚性修正为黏性，形成了"新凯恩斯主义经济学"。他们在政府与市场的关系方面认为，面对经济活动波动尤其是持久性衰退带来的冲击，市场自身的调整过程太慢，因而有必要通过政府的积极干预实现市场出清。

综上所述，西方经济学理论界对政府与市场的关系的认知经历了一个动态演变过程，大体上从自由放任市场主义主导、国家全面干预主义主导到目前的自由市场主义与政府合理干预并存，目前西方经济学理论界关于政府与市场关

---

① 陈振明：《市场失灵与政府失败——公共选择理论对政府与市场关系的思考及其启示》，《厦门大学学报》，1996年第2期，第1页。

② 指由法国经济学家让·巴蒂斯特·萨依所提出的"供给能够创造其本身的需求"的观点。

系的争论实际上也体现了政府与市场的关系并非"泾渭分明"，而是会相互作用、彼此影响，因此在这一问题上讨论的核心应该是政府与市场的合理边界。

2. 发展型经济体中的政府与市场关系

发展型国家理论是研究后发展国家或地区政府和市场关系的重要范式，其理论内涵是政府在经济发展中发挥主导作用，引导资本流入战略性产业提升国家的产业结构，增强企业的市场竞争力，[1] 但政府的这种主导作用并非如中央计划经济体制那样全面主宰国民经济，市场依然是推动经济发展的重要工具，政府在制定、实施政策的过程中必须依靠社会力量的配合，[2] 但其市场又非如英美等国市场经济的自由度。该理论主要用来解释二战以后包括日本、韩国、台湾地区等在内的东亚经济增长奇迹。而中国大陆作为一个后发经济体，政府在经济发展与产业转型中发挥着重要作用，[3] 发展型国家理论对于解释中国大陆的政府职能具有重要意义。

Chalmers Johnson 在 1982 年出版的关于通产省如何促成日本工业转型的著作，使得政府的积极功能得到重视，开启了发展型国家理论的论述。他提出，日本政府主要依靠有计划的产业政策来推动经济增长，政府对微观经济实施选择性干预，政府通过支持战略型产业来实现"赶超战略"。对于战略性产业，由政府综合运用信贷、税收、补贴、关税保护等政策进行扶持。对于战略型产业以外的一般产业，则大多依靠市场机制来配置资源。[4] Amsden 认为，发展型国家通常有一个具有高度自主性的经济管理机构，比如日本的通产省、韩国的经济企划院，这些机构负责制定经济发展规划和产业政策，反映了国家在产业发展中的自主性。[5]

Evans 则进一步提出"镶嵌式自主"概念，来界定政府在产业转型中的角色，即政府能够通过社会关系网络镶嵌进地方资本当中，但同时又保持自身的

---

① Wade，Governing the world: Economic theory and the role of government in East Asian industrialization, Cambridge university press, 1988, p26.

② Linda Weiss and John Hobson, Suite and economic development: A comparative historical analysis, Polity press, 1995, p126-145.

③ Stefan Halper, The Beijing Consensus: How China's Authoritarian Model Will Dominate the Twenty-First Century, Basic Books,2010.

④ Chalmers Johnson, MITI and Japanese miracle: The growth of industry policy, Stanford university press, 1982, pl925-1975.

⑤ Amsden, Asia's next giant: How Korea competes in the world economy. Technology review, 1989,92(4):46-53.

自主性，不被特定利益集团俘获。在界定镶嵌式自主的过程中，Evans 提出了政府在产业转型中的四种具体角色：监护人（custodian）、领头羊（demiurge）、助产士（midwife）、当家者（husbandry）。通过对韩国、巴西、印度信息科技产业发展的比较经验研究，Evans 认为，在全球化力量普及深入的情况下，产业发展必须顺应市场机制，产业转型升级中，政府适合充当助产士和当家者的角色。

3. 中国特色社会主义市场经济关于政府与市场关系的论述

改革开放之前，我国学习苏联模式形成了政府高度管制经济活动的计划经济模式，市场在资源配置方面基本上不起作用。改革开放后，随着我国对计划与市场关系认知的不断深化，对政府与市场关系的认知也不断深化。表 1.2 给出了 1978 年以来党的重要会议中有关政府与市场关系的阐述，从中可以看出认知大体上经历了三个阶段的演变：先是从之前的完全排斥市场到将市场纳入社会主义商品经济；在 1992 年党的十四大明确社会主义经济体制改革的目标是建立社会主义市场经济后，又将政府与市场的关系逐步明确为市场在资源配置中起基础性作用，政府通过科学的宏观调控体系发挥作用；2013 年 11 月党的十八届三中全会提出的"使市场在资源配置中起决定性作用和更好发挥政府作用"，[①] 将对政府与市场关系的认知推向新阶段。

表 1.2　1978 年以来关于政府与市场关系的重要论述

时间	相关会议 / 报告	相关论述内容
1978.12	十一届三中全会	应该坚决实行按经济规律办事，重视价值规律的作用。
1982.9	十二大报告	正确贯彻计划经济为主、市场调节为辅的原则。
1984.10	十二届三中全会通过的《中共中央关于经济体制改革的决定》	社会主义计划经济必须自觉依据和运用价值规律，是在公有制基础上的有计划的商品经济。
1987.9	十三大报告	社会主义有计划商品经济的体制，应该是计划与市场内在统一的体制；新的经济运行机制，总体上来说应当是"国家调节市场，市场引导企业"的机制。

---

① 引自《中共中央关于全面深化改革若干重大问题的决定》，新华社网站，http://news.xinhuanet.com/politics/2013-11/15/c_118164235.htm。

表 1.2　1978 年以来关于政府与市场关系的重要论述（续表）

时间	相关会议 / 报告	相关论述内容
1992.10 1993.11	十四大报告 十四届三中全会	建立社会主义市场经济体制，就是要使市场在国家宏观调控下对资源配置起基础性作用。
1997.9	十五大报告	坚持和完善社会主义市场经济体制，使市场在国家宏观调控下对资源配置起基础性作用；充分发挥市场机制作用，健全宏观调控体系。
2002.11	十六大报告	在更大程度上发挥市场在资源配置中的基础性作用，健全统一、开放、竞争、有序的现代市场体系；完善政府的经济调节、市场监管、社会管理和公共服务的职能，减少和规范行政审批。
2003.10	十六届三中全会通过的《中共中央关于完善社会主义市场经济体制若干重大问题的决定》	更大程度地发挥市场在资源配置中的基础性作用；切实把政府经济管理职能转到为市场主体服务和创造良好发展环境上来。
2007.10	十七大报告	从制度上更好发挥市场在资源配置中的基础性作用，形成有利于科学发展的宏观调控体系；加快推进政企分开、政资分开、政事分开、政府与市场中介组织分开，规范行政行为，加强行政执法部门建设，减少和规范行政审批，减少政府对微观经济运行的干预。
2012.11	十八大报告	经济体制改革的核心问题是处理好政府和市场的关系，必须更加尊重市场规律，更好发挥政府作用；完善宏观调控体系，更大程度更广范围发挥市场在资源配置中的基础性作用。
2013.11	十八届三中全会通过的《中共中央关于全面深化改革若干重大问题的决定》	经济体制改革是全面深化改革的重点，核心问题是处理好政府和市场的关系，使市场在资源配置中起决定性作用和更好发挥政府作用；市场决定资源配置是市场经济的一般规律，健全社会主义市场经济体制必须遵循这条规律，着力解决市场体系不完善、政府干预过多和监管不到位问题。

资料来源：根据公开资料整理。

　　政府本身对政府与市场关系认知不断深化的同时，学者对社会主义市场经济下政府与市场关系的认知也不断广化和深化，丰富了政府与市场关系的内涵及外延。不少学者具体阐释了对党的十八届三中全会确立的"市场在资源配置中起决定性作用"的认识。彭俞超和张雷声（2014）认为，正确认识和处理政府与市场的关系，既要对市场在资源配置中起决定性作用做出科学定位，也要科学认识政府在市场经济发展中的宏观调控和政府治理作用；既要认识到市场在配置资源中起决定性作用是市场经济的一般规律，也要把握好政府干预经济的"度"；既要看到市场在资源配置中起决定性作用绝不是对政府作用的弱化，也要看到这是通过对政府作用范围、程度的正确界定更好地发挥政府的积极作用。王玉柱（2014）研究表明，中国历次改革的最终归宿是健全和完善市场机制，政府干预并非是经济增长的直接因素。由此认为，十八届三中全会提出要使市场在资源配置中起决定性作用，这意味着在市场机制条件下，要素价格和创新驱动将成为发展方式转变的直接推动力量。因此，当前发展方式转变过程中政府应该从完善发展方式转变的宏观经济环境出发，重新定位自身的经济角色，将自身功能定位为规制和激励，通过促进创新的有效实现推动发展方式转变。周佑勇（2016）从法治的视角认为，"市场在资源配置中起决定性作用"的新定位引发了政府与市场、社会关系的联动效应，该定位全面深化改革应确立"市场型政府"的法治理念并以此理念为指导，重新解读政府权力范围、市场主体权利空间与社会组织权能空间，可以获知政府与市场、社会之间关系的法治边界。

还有学者探讨了政府与市场的边界问题。马勇和陈雨露（2014）认为，合理确定政府与市场之间的有效边界，需要将二者之间的内生性关系动态地"嵌入"一组更为广泛的制度环境约束之中，并纳入对经济发展动态进程和机制的考虑。张志元和马雷（2014）认为，对政府与市场关系的讨论关键不在于强调孰优孰劣，而在于如何使得两种不完美的制度设计在其具有比较优势的边界内发挥出各自的效力，使二者在经济发展的不同阶段达到一种良性的动态均衡状态；并认为，在可以预见的未来，"市场主导、政府引导"的政府—市场观将引领我国经济政策的风向标。刘汉超（2016）认为，当前我国政府与市场有朝着"强政府和强市场"发展的趋势，该趋势继续发展的关键在于明确划分政府与市场各自的职能范围，并让其职能优势得到有效发挥。

还有众多理解政府与市场关系的不同视角。有学者从推进城镇化的角度进行了探讨。张玉磊（2014）认为，作为资源要素集聚和配置的过程，城镇化受市场和政府两大动力机制的驱动：市场是根本动力，政府是关键动力，二者的有效组合是城镇化成功的必由之路。然而，中国传统的城镇化模式呈现鲜明的政府主导特征；新型城镇化提出的"市场主导、政府引导"是对市场与政府关系的重新定位，它需要我们一方面充分发挥市场在城镇化资源配置中的决定性作用，另一方面以体制机制创新优化城镇化建设中的政府行为。胡拥军（2014）认为，新型城镇化模式需要回归城市发展的本源，充分发挥市场在资源配置中的决定性作用，厘清政府与市场的边界，明确政府与市场的职能；为更好地发挥政府与市场在新型城镇化发展中的作用，应着力推进城镇行政体制改革，加快农民工市民化进程，优化城镇空间布局，完善公平竞争的市场环境。有学者从分配视角做了研究。董法尧等（2016）认为，在分配领域同时存在着政府失灵和市场失灵的现象，但造成收入差距过大、财富过度集中的主要原因是市场失灵。面对这种情况，一方面需要政府退出初次分配中对生产要素自由流动的干扰，另一方面要坚持社会主义分配正义原则介入再次分配，规范和引导市场行为。有学者从供给侧改革视角加以分析。王广亮与辛本禄（2016）认为，供给侧结构性改革的关键就是对政府和市场关系的重构。政府作为唯一强制的制度供给者，同时也是现有制度框架下的利益主体，为了避免陷入国家机会主义需要明确界定政府行为，而国有资产的监管和国有企业的经营则是重构政府和市场关系的前沿边界。在他们看来，作为国有资产管理体制中承上启下中间环节的国有资本投资运营公司，其职能就是将政府行政机构的行政权力转化为对市场主体的经济权力，这使得政府和市场的关系得以重构。

其他代表性的研究有：白永秀和王颂吉（2013）的研究强调发挥中介组织在处理好政府与市场关系中的作用。在他们看来，我国的经济体制改革已进入完善社会主义市场经济体制的后改革时代，理顺政府与市场关系的总体思路是健全和完善"政府—中介组织—企业"这样一个组织架构，其关键是依托中介组织搭建政府与企业之间的桥梁，进而通过规范政府行为、发展中介组织和促进企业发展来处理好政府与市场之间的关系。孙天承（2015）认为，政府与市场是内生于现代市场经济体系的两个重要调节主体，是社会经济的"一体两翼"，其关系可以表述为三点：第一，宏观、微观经济领域各显其能的关系；第二，政策法规与经济规律共同作用的关系；第三，自发调节与自为调节相互补充的关系。李芸和战炤磊（2015）认为，政府与市场的强弱对比关系形成了多种组合模式，发挥强政府与强市场的叠加效应是新一轮全面深化改革的目标取向和根本保证。

4.市场经济条件下产业发展中政府的功能

市场经济条件下，产业发展自然是以市场为主体，这一点已是共识，因此理论界更为关注的是产业发展中政府能起什么样的功能作用。有学者从产业政策的视角进行研究。根据"经济发展论"的观点，产业政策来自增强经济实力、提高国际竞争力和促进产业结构高级化的需要。[1] 对于发展中国家和地区而言，学习借鉴先进国家和地区发展的成功经验能够带来"后发优势"，可以通过合理的产业政策推动产业结构的调整和升级，缩短产业结构的演进周期，进而缩小与发达国家和地区的经济发展差距。[2] 皮建才（2008）基于产业政策的视角沿着两条路径论述了经济发展中的政府作用，一条是理论上的思想脉络，一条是现实中的约束条件，并在这两条思路的基础上进行了模型化。在他看来，只有将正确的经济理论指导和正确的约束条件识别相互结合，才能使政府的产业政策在经济发展中的积极作用达到最大化。周叔莲等人（2008）则提出了动态能力导向的高增长行业产业政策。在他们看来，传统产业政策的理论基础是新古典的"市场失败"理论，在该框架下政府的核心功能是对产业发展进行"长期计划"；与传统的产业政策相比，动态能力导向的产业政策建构于演化理论基础之上，具有动态性和创业性两方面的特征。在该理论框架下，由于环境是不确定的、复杂的，政府的作用主要不是计划，而是努力通过与企业的信息交流和互动来共同克服产业发展的障碍，并最终形成产业与环境的动态匹配；由于环境是变化的，政府制定产业政策的重点是通过促进企业的创业性活动实现企业和产业竞争能力的培育和提升。这些研究实际上阐述了政府可以通过恰当的产业政策促进产业结构优化升级，进而促进经济发展。

有学者针对战略新兴产业的特性阐述了政府在培育发展战略新兴产业方面应起的功能作用。朱迎春（2011）认为，战略性新兴产业的准公共性、外部性及高风险性特点决定其在发展过程中不可避免地存在市场失灵。政府需要对战略性新兴产业进行合理的公共政策选择，针对市场失灵的不同情况进行调节、规范和制约，并将政府在发展战略性新兴产业中的作用归纳为四个方面，即引导、激励、服务和规范。剧锦文（2011）认为，战略性新兴产业在发展初期属

---

[1] 吕明元：《产业政策、制度创新与具有国际竞争力的产业成长》，《经济社会体制比较》，2007年第1期。

[2] 李保明、周小柯：《两岸产业政策比较与协调研究》，《台湾研究集刊》，2015年第2期，第47页。

于幼稚产业，需要包括政府在内的外力扶持，但同时指出，政府仍然属于外生性因素，市场调节才是其发展的内生变量。在他看来，政府应当充分发挥自身的优势，摆正自己的位置并做出正确选择。

有学者研究了特定产业发展中政府的功能作用。比如，徐枫和陈昭豪（2013）对金融行业的研究表明，金融行业可通过直接融资或间接融资支持新能源产业发展，且间接融资的贡献要大于直接融资，由此主张政府应该从战略的高度重视新能源产业的发展，积极推动新能源产业的直接融资，引导金融支持新能源产业发展。李传健和邓良（2015）对房地产行业的研究表明，中国房地产业发展还存在着市场垄断行为严重、供给的结构性矛盾突出、房价持续走高和房地产业"一枝独秀"等问题，一定程度上阻碍了新型城镇化的可持续发展。为此，要加大政府的调控力度，实行土地和住房的双轨制管理，实行出让金年租制，完善房地产税制度，加快房地产业转型创新，实现中国房地产业的可持续发展。

胡晨光等人（2011）则从发展战略、产业与贸易政策、市场制度、公共投资建设等政策手段的4个维度研究了"有为政府"对集聚经济圈产业集聚的影响力。研究认为，政府通过政策手段改变了集聚经济圈产业外在的发展环境，从而改变了其要素禀赋的使用与发展方向，发挥了集聚经济圈要素禀赋在国际分工中的比较优势，促成了集聚经济圈的产业集聚，成为集聚经济圈产业集聚的外部动力。

也有学者关注到了政府过度干预市场的情况。尹林辉等人（2015）的研究结果表明，目前中国的地区金融发展存在着过度的政府干预，从而影响了金融在产业发展中的资源配置功能，政府对金融干预的适度调整将有助于产业结构的优化。付才辉（2016）的研究基于新结构经济学的视角，通过剖析投资潮涌和产能过剩现象，构建了一个最优政府干预程度理论：首先，由于处于前沿内部，发展中经济体的结构变迁具有后发优势；其次，后发优势所蕴含的发展机会具有社会共识但信息不完全，从而会导致市场自身出现协调困难，进而使得市场主体面临投资潮涌而导致亏损的风险，从而对发展机会谨小慎微；最后，市场的谨小慎微则会导致对发展机会的利用不足，政府会实施积极的发展政策组合对市场的价格、成本与利润进行干预，以增强对市场的激励和放松约束，其结果虽然能使得发展机会得到更充分的利用，但与此同时也会导致更加严重的产能过剩。据此理论，文章主张发展政策不能够因噎废食，理性的做法是利害权衡，把握好最优的干预程度。

（二）两岸及京台服务业合作研究评述

1. 关于两岸服务业合作的研究

2010 年 6 月两岸两会签订《海峡两岸经济合作框架协议》（以下简称 ECFA）以来，产业合作在两岸经贸发展及两岸关系研究中的地位日趋突出。不少学者分析了 ECFA 对两岸产业合作的意义及具体影响，其中包括两岸服务业合作。代表性的研究有：刘震涛和王花蕾（2010）认为，ECFA 的内容顺应了大陆经济影响力的变化对两岸产业合作的要求，开创了两岸产业合作的新局面，而且可能形成一条有利于两岸产业合作及整个经济合作深化的路径，即在两岸间形成若干个有利于两岸产业提高竞争力的产业联盟，并通过其"扩溢效应"推动两岸产业、经济合作不断深化。王建民（2010）认为，ECFA 是海峡两岸经济关系正常化、两岸贸易自由化、经济合作制度化、经济协商机制化的重要标志，并将开启两岸经济一体化发展新局。张冠华（2011）在阐述两岸产业交流与合作主要特点和"十二五"时期两岸产业合作的机遇与挑战基础上，提出了"十二五"时期两岸产业合作的方向与设想，包括：推动两岸产业发展形成合理的分工与整合布局；构建两岸产业合作相应的平台与机制；以新兴产业作为两岸产业合作的重点领域；以 ECFA 平台与机制加快两岸服务业合作。唐永红（2012）探讨了 ECFA 下两岸经济制度性合作与一体化发展问题，认为通过 ECFA 推进两岸经济制度性合作与一体化发展，虽然有着较大的内容空间和重大的现实意义，但面临来自两岸经济体发展差异性、两岸政治关系稳定性以及台湾内部政治经济生态的约束，需要探索突破约束的路径。为发挥 ECFA 作用，宜坚守政治基础，增强政治互信；遵守国际规则，坚持平等互利；遵循经济规律，循序渐进推进；采行先行先试，寻求局部突破。朱云鹏（2014）认为，ECFA 为两岸产业交流合作创造了新契机，两岸若能善用双方的比较优势、因势利导，并加强两岸在新能源、环保、减碳、生技医疗等新兴产业、服务业与农业的交流合作，不但有助于两岸产业的转型与升级，也有机会将两岸产业共同推向国际舞台，创造双赢。这些研究实际上从不同角度分析了 ECFA 给深化包括服务业在内的两岸产业合作以及推进两岸经济一体化带来的契机。

李应博和刘震涛（2011）则基于国际产业转移的背景和特点，对两岸在先进制造业与现代服务业领域目前的合作情况进行了分析，剖析其存在的制约因素，并从技术创新与转移、产业共同治理以及资源共享机制三个层面探讨如何建立产业协同机制，并提出两岸产业协调发展的政策构想。

也有学者研究了两岸在文化创意产业领域的合作。徐晞（2015）从中国大陆和台湾地区两地的产业转型升级、产业互补以及民间组织功能等视角，探讨了民间组织担当两岸文化创意产业对接重要平台的必然性和应然性，并基于对两岸文化创意民间组织现状分析，从构建多元化组织体系、拓展组织功能、完善监管体制、建立两岸互惠共生机制等方面，提出民间组织服务两岸文化创意产业升级、对接合作的改进对策与建议。商光一（2016）从两岸文化产业互补的角度提出构建海峡出版创意产业集群。

2.关于京台服务业合作的研究

随着京台两地产业交流合作实践的深入，由于两地都以服务业为绝对主导的产业结构，两地服务业的合作也日渐受到理论界的关注，代表性的研究有：

在休闲农业方面，赵旭梅（2011）探讨了 ECFA 框架下京台观光农业合作的前景，孙兆慧等（2013）利用 SWOT 方法分析提出了京台休闲农业合作的策略组合。在文化创意产业方面，李红梅（2014）阐述了京台文化创意产业合作机制，孙兆慧（2015）则分析了京台文化创意产业合作现状、存在的问题及对策建议。在金融业方面，孙兆慧（2011）分析了京台金融服务业的合作前景；孙桂生和马俊红（2014）探讨了基于物联网的京台两地金融服务业的交流合作。此外，牛文安等（2015）研究了京台高端产业合作现状、面临的问题，并提出了推动合作建议，涉及观光农业、文化创意产业、高新技术产业等领域。

（三）综合性评价

综上理论回顾和文献综述，西方经济学界关于政府与市场关系的理论自古典经济学起也已经经历 200 多年的发展演变，理论体系已经比较成熟；中国特色社会主义市场经济条件下关于政府与市场关系的理论也日渐成熟。2010 年两岸 ECFA 签署以来，两岸产业合作成为研究两岸关系的一个新热点，其中也不乏对两岸服务业合作的研究；部分学者也关注到了京台两地服务业的合作，研究涉及两地在休闲农业、文化创意产业、金融业等领域的合作。

显然，无论在政府与市场关系研究方面还是在两岸服务业合作方面，都有比较丰富的研究成果可供借鉴，在京台服务业合作方面也有了一定的研究成果。两岸制度化交流合作机制建立以来，尽管已经有越来越多的官产学研各界人士认识到处理好政府与市场的关系在推进深化两岸产业合作中的重要性，但目前尚缺乏将政府与市场关系这一重要问题直接引入两岸产业合作中的研究。然而，随着两岸要素禀赋结构及产业结构的趋同，以及两岸重点发展产业的重叠性加强，两岸产业之间的竞争日趋突出，为避免资源重复投入和恶性竞争，比以前任何时候都需要在合作中建立良性的互动协调机制，这又有赖于处理好政府与市场的关系。因此，本项研究在现有研究基础上，结合对两岸产业合作背景、趋势的理解以及本人对京台产业合作的长期研究基础，选择以京台现代服务业合作为研究对象，同时引入政府与市场关系，以期通过进一步厘清政府与市场的关系，促进京台现代服务业合作的深化。

三、现代服务业概念与统计范围

（一）现代服务业概念界定

服务业按 WTO 分类标准可分为 12 大类；按服务对象和流程的不同可分为生产性服务、营销性服务与消费性服务；按不同要素特点可分为劳动密集型服务、资本密集型服务与知识密集型服务。服务业合作的方式大体有服务贸易、直接投资、策略联盟和共同参与四种形式。国际或地区间贸易有三种：货物贸易、技术贸易和服务贸易。服务贸易是两岸服务业合作的重要方式。按照 WTO 前身 GATT 主持下的 1994 年结束的乌拉圭回合最终达成的《服务贸易总协定》（General Agreement on Trade in Service，GATS），服务贸易具体包括四种方式：跨境交付（Cross-border Supply）、境外消费（Consumption Abroad）、商业存在（Commercial Presence）、自然人流动（Movement of Natural Persons）。

现代服务业是指以现代科学技术特别是信息网络技术为主要支撑，建立在新的商业模式、服务方式和管理方法基础上的服务产业。它有别于商贸、住宿、餐饮、仓储、交通运输等传统服务业，以金融保险业、信息传输和计算机软件业、租赁和商务服务业、科研技术服务和地质勘查业、文化体育和娱乐业、房地产业及居民社区服务业等为代表。现代服务业既包括新兴服务业，也包括对传统服务业的技术改造和升级，其本质是实现服务业的现代化。主要分为以下四大类：1.基础服务（包括通信服务和信息服务）；2.生产和市场服务（包括金融、物流、批发、电子商务、农业支撑服务以及中介和咨询等专业服务）；3.个人消费服务（包括教育、医疗保健、住宿、餐饮、文化娱乐、旅游、房地产等）；4.公共服务（包括政府的公共管理服务、基础教育、公共卫生、医疗以及公益性信息服务等）。

（二）京台现代服务业统计范围

北京市从2005年开始执行现代服务业统计标准，该标准是北京市统计局在《国民经济行业分类》（GB/T4754-2002）的基础上，根据现代服务业的特性，将符合基本要求的行业归并，结合北京市的实际情况制定的。具体来看，北京市现代服务业包括9个细分产业：信息传输、软件和信息技术服务业，金融业，房地产业，商务服务业，科学研究和技术服务业，环境管理业，教育，卫生，文化、体育和娱乐业。

根据台湾地区"行政院主计总处"2016年1月第10次修订的《行业标准分类》，服务业包括：批发及零售业，运输及仓储业，住宿及餐饮业，出版、影音制作、传播及资通讯服务业，金融及保险业，不动产业，专业、科学及技术服务业，支援服务业，公共行政及军事、强制性社会安全，教育业，医疗保健及社会工作服务业，艺术、娱乐及休闲服务业，其他服务业。台湾统计部门并没有明确界定现代服务业的范畴，为便于开展研究，本项目组参照北京市现代服务业的范围，结合台湾服务业行业的标准分类，将台湾现代服务业的范畴界定为8个细分行业：出版、影音制作、传播及资通讯服务业，金融及保险业，不动产业，专业、科学及技术服务业，支援服务业，教育业，医疗保健及社会工作服务业，艺术、娱乐及休闲服务业。表1.3给出了京台两地现代服务业统计范围大体上的对应关系。

表1.3　京台现代服务业统计范围对比

北京	台湾
信息传输、软件和信息技术服务业	出版、影音制作、传播及资通讯服务业
金融业	金融及保险业
房地产业	不动产业
科学研究和技术服务业	专业、科学及技术服务业
商务服务业，环境管理业	支援服务业
教育业	教育业
卫生业	医疗保健及社会工作服务业
文化、体育和娱乐业	艺术、娱乐及休闲服务业

资料来源：根据京台两地产业分类标准整理。

四、研究思路、方法及框架设计

（一）项目研究思路

本项目的基本研究思路是：从相关基础理论、现有相关研究及京台服务业发展及合作现状入手，先开展整体分析，即从整体上阐述京台现代服务业合作中的政府功能及市场作用；接下来进行重点分析，围绕金融业、文化创意产业、现代信息服务业3个重点领域进行深入细致的剖析，从中找出京台现代服务业合作中的经验和问题；更进一步，综合前述研究对政府与市场的关系进行再思考，探讨在京台信息服务业合作中，实现有效市场与有为政府的有机结合；最后，得出项目研究结论，并就深化京台现代服务业合作提出政策建议。

（二）研究方法

课题组将主要综合应用以下研究方法开展研究：

一是文献研究法。对西方经济学关于政府与市场关系的相关理论进行回顾评述，对中国特色社会主义市场经济下关于政府与市场关系的相关论述和研究进行回顾评述，对两岸及京台服务业合作现有研究进行总结和评价，共同作为本文研究的理论基础。

二是比较分析法。对京台现代服务业发展及各自发展中政府功能和市场作用等情况进行详细对比；对3个合作重点领域及两个代表性区域的合作进行对比，并在研究过程中穿插台湾与其他省市现代服务业合作的典型案例，将其与京台的合作进行对比，以更全面认识京台现代服务业合作中的经验及不足。

三是统计分析法。利用京台两地统计部门的相关统计数据进行统计分析，分析京台现代服务业发展特点及异同，研判各自的优劣势及成长前景，分析评价京台现代服务业的合作现状、合作成效及合作前景。

四是调研访谈法。项目研究过程中，课题组将对北京市台办、北京市台商协会、中关村科技园区、经济技术开发区、金融街、北京台湾街、北京市东城区台湾文化商务区等政府部门、产业园区或片区以及与京台现代服务业合作重点领域相关的行业协会等进行深入细致的实地调研或座谈访谈。

（三）研究框架结构

遵照上述研究思路，本项目接下来的研究框架结构及主要内容如下：

　　第二章，京台现代服务业发展及合作现状分析。将分别分析北京市及台湾现代服务业发展情况，以及两地现代服务业合作现状，包括合作的总体发展情况、面临的问题以及合作的重点领域。

　　第三章，京台现代服务业合作中政府与市场关系理论探讨。将从政府与市场关系的一般理论出发，总结政府的一般功能及市场的一般功能；对改革开放以来大陆政府与市场关系的演变以及京台现代服务业合作中的政府与市场关系的变化进行回顾总结。结合政府与市场关系一般理论及其在大陆的历史演变，从理论层面探讨京台现代服务业合作中政府的作用和市场的作用。

　　第四章，京台金融业合作。将分别分析北京市及台湾金融业的发展情况，弄清各自发展优劣势；对两岸及京台金融业合作情况进行分析，包括总体情况、面临的问题以及合作前景；分析京台金融业合作中政府与市场的关系。

　　第五章，京台现代信息服务业合作。将分别分析北京市及台湾现代信息服务业的发展情况，弄清各自的发展特点及优劣势；对京台现代信息服务业的合作情况进行分析，包括整体概况以及在中关村这一重点区域的合作情况；分析京台现代信息服务业合作中政府与市场的关系。

　　第六章，京台文化创意产业合作。将分别分析北京市及台湾文化创意产业的发展情况，弄清各自的发展特点和优劣势；对京台文创产业的合作情况进行分析，包括总体情况、面临的问题以及合作前景分析；分析京台文创产业合作中政府与市场的关系。

　　第七章，对京台现代服务业合作中政府与市场关系的再思考。在前述章节研究基础上，结合对京台现代服务业合作的理论探讨与三大重点产业的具体分析，对京台现代服务业合作中政府与市场的关系进行再思考，包括对京台现代服务业合作中政府作用及市场作用评价，对合作中政府与市场关系的问题弊端进行反思，提出未来优化的方向，以争取实现合作中有为政府与有效市场的有机统一。

　　第八章，结论与政策建议。对本项目得出的主要结论进行系统总结，并提出深化京台现代服务业合作的具体政策建议。

第二章　京台现代服务业发展及合作现状分析

京台产业结构趋同，服务业是两地支柱性产业，发展各具优势，但长期以来，两地服务业合作规模小且比较零散。随着两岸"三通"的实现，ECFA 的签署和实施，服务业合作逐渐成为两岸经贸发展的新引擎，也为京台服务业的合作创造了新机遇。目前，现代服务业在北京服务业中居于主导地位，政府的政策导向很关键，而且北京具备发展现代服务业的良好条件，包括人才、文化、教育、科研、卫生、信息交流、基础设施、政府组织集聚、服务行业集群、服务品牌集聚等方面。相较于制造业与农业的合作，京台两地在服务业尤其是现代服务业领域的合作更具资源要素优势，发展前景十分广阔。

一、北京市现代服务业发展情况

（一）总体发展情况

1.北京市已形成服务业主导型的经济格局

改革开放以来，北京市的第三产业发展迅速（见表 2.1），所占比重从 1978 年的 23.9% 逐年上升到 1988 年的 37.1%；1994 年为 49.1%，首次超过第二产业所占的比重（45.1%）而位居首位；1995 年突破了 50%，达到了 52.5%；2006 年突破了 70%，之后一直维持在 70% 以上的水平且仍呈现稳定上升态势，到 2015 达到了 79.7%，表明服务业主导型的经济发展格局已经牢固确立[①]。

---

① 由于从三次产业划分的角度来看，服务业与第三产业几乎相同，因此这里主要采用《北京统计年鉴》中第三产业的相关数据来分析北京市服务业总体上的发展情况；以下分析涉及北京市服务业总体的，如无特别说明，均采用第三产业数据。

表2.1　1978-2015年北京三大产业结构表（单位：%）

产业＼年份	1978	1988	1994	1995	1998	2001	2002	2003	2004	2005
第一产业	5.1	9.0	5.8	4.8	3.2	2.1	1.9	1.6	1.4	1.2
第二产业	71.0	53.9	45.1	42.7	35.3	30.7	28.9	29.6	30.6	28.9
第三产业	23.9	37.1	49.1	52.5	61.5	67.2	69.2	68.8	68.0	69.9
产业＼年份	2006	2007	2008	2009	2010	2011	2012	2013	2014	2015
第一产业	1.1	1.0	1.0	1.0	0.9	0.8	0.8	0.8	0.7	0.6
第二产业	26.8	25.3	23.3	23.1	23.6	22.6	22.2	21.7	21.4	19.7
第三产业	72.1	73.7	75.7	75.9	75.5	76.6	77.0	77.5	77.9	79.7

数据来源：北京市统计局、国家统计局北京调查总队：《2016北京统计年鉴》。

2. 现代服务业在北京市服务业居于主导地位

从第三产业内部结构看（见表2.2），金融业为最大的细分行业，2000年以来其在第三产业中所占比重大体上在2成左右，2015年达到22.8%，总体上呈上升态势；批发和零售业次之，2000年以来其在第三产业中所占比重大体上在15%左右，2015年为13.7%，总体上呈下降态势；信息传输、计算机服务和软件业占据第三位，2000年以来其在第三产业中所占比重从8.0%上升到2015年的13.8%，超过批发和零售业成为第二大服务业细分行业，总体上呈上升态势；科学研究和技术服务业以及租赁和商务服务业两个细分产业交替占据第四和第五的位置，2015年占比分别为10.6%和10.3%。

表2.2　2000年以来北京服务业内部结构变化（单位：%）

产业＼年份	2000	2002	2004	2006	2008	2010	2012	2013	2014	2015
交通运输、仓储和邮政	10.8	9.4	8.7	7.8	6.0	6.7	6.0	5.9	6.1	5.7
批发与零售业	18.2	15.5	14.4	14.9	17.0	17.8	16.3	15.5	15.5	13.7
住宿和餐饮业	4.0	4.1	4.0	3.7	3.3	3.0	2.7	2.4	2.3	2.3
居民服务和其他服务业	1.8	1.8	1.9	1.5	0.9	0.9	0.9	0.9	1.0	0.8

公共管理与社会组织	4.8	4.3	4.9	4.9	4.4	4.4	4.1	3.9	3.7	4.3
金融业	20.8	18.8	17.4	16.8	18.1	17.6	18.6	19.2	21.6	22.8
信息传输、计算机服务和软件业	8.0	9.3	11.0	11.9	11.9	11.5	11.9	12.1	13.4	13.8
房地产业	7.0	10.0	10.7	11.3	10.1	9.5	9.1	8.8	8.5	8.4
租赁和商务服务业	5.8	7.2	6.8	7.7	9.1	9.0	9.8	10.2	10.9	10.3
科学研究和技术服务业	6.0	7.0	6.8	7.5	8.4	8.9	9.3	9.6	10.7	10.6
水利、环境和公共设施管理业	1.1	0.9	0.8	0.8	0.7	0.7	0.7	0.8	0.9	1.0
教育	5.0	5.4	6.5	5.5	4.8	4.9	5.0	5.0	5.5	5.6
卫生、社会保障和社会福利业	2.7	2.5	2.6	2.4	2.2	2.4	2.7	2.7	3.0	3.4
文化、体育和娱乐业	4.1	3.7	3.5	3.2	3.0	2.8	2.9	2.9	3.0	3.1

数据来源：根据相关年份《北京统计年鉴》中按行业分地区生产总值数据计算得出。

按照前述北京市统计局对现代服务业的界定范围，上述服务业主要行业中除批发和零售业外，其余几个基本上都可以归属为现代服务业的范围。表2.3进一步给出了2008至2015年间北京市现代服务业增加值及其在地区生产总值和第三产业中所占比重，从中可以看出，2011年以来现代服务业在地区生产总值中所占比重已经稳定超过半数且呈继续上升的态势；现代服务业在整个第三产业中所占比重2008年以来一直在65%以上，2013年之后更是达到70%以上的水平。显示现代服务业在北京市服务业中占据绝对主导地位。

从北京现代服务业内部结构看，位居前五的行业分别是金融业（2015年增加值为3926.3亿元）、信息传输、软件和信息技术服务业（2015年增加值为2383.9亿元）、科学研究和技术服务业（2015年增加值为1820.6亿元）、商务服务业（2015年增加值为1673.2亿元）和房地产业（2015年增加值为1438.4亿元）。

表 2.3　2008-2015 年北京市现代服务业发展情况

项　目	2008	2009	2010	2011	2012	2013	2014	2015
地区生产总值（亿元）	11115.0	12153.0	14113.6	16251.9	17879.4	19800.8	21330.8	23014.6
第三产业（亿元）	8410.7	9232.0	10665.2	12439.5	13768.7	15348.6	16627.0	18331.7
现代服务业（亿元）	5660.0	6264.7	7026.3	8311.3	9435.3	10751.5	11820.0	13303.0
信息传输、软件和信息技术服务业	999.1	1066.5	1214.0	1493.4	1621.8	1852.2	2081.9	2383.9
金融业	1519.2	1603.6	1863.6	2215.4	2536.9	2943.1	3357.7	3926.3
房地产业	844.6	1062.5	1006.5	1074.9	1244.2	1339.5	1329.2	1438.4
商务服务业	748.7	791.7	930.9	1126.6	1302.2	1519.2	1602.3	1673.2
科学研究和技术服务业	706.7	816.9	941.1	1135.5	1268.4	1472.8	1662.7	1820.6
环境管理业	21.0	27.5	33.1	34.2	42.2	19.4	24.0	33.6
教　育	402.1	444.1	516.2	605.9	681.8	770.5	859.0	965.5
卫　生	171.2	192.9	226.3	286.0	335.2	384.5	432.8	533.7
文化、体育和娱乐业	247.4	259.0	294.6	339.4	402.6	450.3	470.4	527.8
现代服务业占地区生产总值比重（%）	50.92	51.55	49.78	51.14	52.77	54.30	55.41	57.80
现代服务业占第三产业比重（%）	67.30	67.86	65.88	66.81	68.53	70.05	71.09	72.57

　　数据来源：根据《北京市统计年鉴 2014》《北京市统计年鉴 2015》《北京市统计年鉴 2016》中的相关统计数据计算得出。

表 2.4　2009-2015 年北京市现代服务业主要行业增长情况（单位：%）

产业＼年份	2009	2010	2011	2012	2013	2014	2015	2009-2015年均
信息传输、软件和信息技术服务业	6.75	13.83	23.01	8.60	14.21	12.40	14.51	13.23
金融业	5.56	16.21	18.88	14.51	16.01	14.09	16.93	14.53
房地产业	25.80	-5.27	6.80	15.75	7.66	-0.77	8.22	7.90

续表

商务服务业	5.74	17.58	21.02	15.59	16.66	5.47	4.42	12.17
科学研究和技术服务业	15.59	15.20	20.66	11.70	16.11	12.89	9.50	14.48

数据来源：根据表 2.3 数据计算。

（二）发展特点

一是重点行业加速分化。彰显首都功能的产业的快速增长和非首都功能产业的调整下行形成了鲜明的对照。表 2.4 显示，现代服务业主要行业中，金融业、信息服务业均延续了近年快速增长态势，2015 年仍维持 2 位数以上的快速增长，尤其是金融业增速达到 16.93%；科学研究和技术服务业增速在 2014 年和 2015 年有所下降，但仍保持较高的水平，2015 年增长 9.5%；房地产业和商务服务业则呈现出明显的减速发展态势。

二是区域布局不平衡。北京市现代服务业区域分布集中，主要分布在城市功能拓展区和首都功能核心区。海淀区和朝阳区是北京市现代服务业产值最高的地区，也是北京市现代服务业最发达的地区。东城区、西城区为首都功能核心区，是北京市现代服务业的主要聚集地区，由信息传输、金融业、房地产、租赁和商业经济等各类现代服务业交错共同构成，是现代服务业的综合中心；城市发展新区房地产业、科学研究和软件业等行业优势比较突出，是现代服务业发展的重要空间；生态功能涵养区是北京市现代服务业发展比较薄弱的地区，以传统服务业为主。

（三）发展规划及发展前景

发展规划方面，2015 年 5 月颁布的《北京服务业扩大开放综合试点总体方案》聚集的重点领域：发挥北京市服务业的比较优势，率先推动科学技术服务、互联网和信息服务、文化教育服务、金融服务、商务和旅游服务、健康医疗服务等六大重点领域扩大开放，同时深化对外投资管理体制改革，带动服务业整体转型升级。根据《北京市国民经济和社会发展第十三个五年规划纲要》，"十三五"时期北京市将进一步优化三次产业内部结构，加快形成创新引领、技术密集、价值高端的经济结构。

在服务业内部结构优化方面，一方面，加快发展生产性服务业，巩固扩大金融、科技、信息、商务服务产业优势。提出以释放服务资源效能、提升综合服务功能为导向，大力培育研发设计、节能环保、融资租赁、电子商务等新兴优势产业，积极发展现代物流业，发展壮大会展经济，形成创新融合、高端集聚、高效辐射的生产性服务业发展新模式。另一方面，提高生活性服务业品质。提出实施提高生活性服务业品质行动计划，加强便民网点建设，促进新型商业模式发展，探索服务功能集成，引导业态转型升级，推动绿色发展，支持老字号企业发展壮大，提升旅游业发展水平，提升农村商贸流通现代化水平，推动生活性服务业便利化、精细化、品质化发展。此外，还提出加快推动文化产业发展。以整合优质资源、壮大市场主体、提升品牌服务能力为重点，巩固提升文化艺术、新闻出版、广播影视等传统优势行业，培育壮大设计创意、数字出版、新媒体等新型文化业态，提升文化产业竞争力和影响力。[①]

从发展前景看，北京市"十三五"时期全面深化改革将进一步破除制约现代服务业发展的体制机制约束，促进大众创新万众创业，更好发挥市场在资源配置中的决定性作用。同时，国家战略的深入实施也将带动服务业提质增效，"一带一路"的推进将利于首都科技服务业向外输出，而"京津冀协同发展"则有利于首都服务业在更大的空间范围内调配资源、布局产业。此外，北京市成为全国首个服务业扩大开放综合试点城市，这次试点具有覆盖区域范围更广、配套支持体系更完善等特点，涵盖科学技术服务、互联网信息、金融服务、商务旅游服务等六大领域，将成为北京服务业在开放中孕育新活力的一剂良方。可以预见，未来几年金融服务、信息服务、科技服务以及文化创意产业等现代服务业将进一步壮大，继续引领北京市服务业及地区经济的转型升级和创新发展。

二、台湾现代服务业发展情况

20 世纪 60 年代之前，台湾经济相对落后，经济活动以农业为主。随着出口导向的轻工业加速发展，制造业成为台湾经济的主导产业，1960 至 1987 年可谓是制造业发展的黄金时期。伴随原材料价格的上涨及市场激烈的竞争，制造业所能创造的利润空间越来越被压缩，而知识密集的服务业，其所建立的服务品牌价值，相较于制造业所需的成本低，且消费者对于服务商品重复性的消

---

① 北京市人民政府：《北京市国民经济和社会发展第十三个五年规划纲要》，北京市发改委网站，http://www.bjpc.gov.cn/zwxx/ghjh/gzjh/201603/P020160325385159270138.pdf。

费，取决于对后端品牌的信任，因而服务业所能创造的品牌附加值较高，而逐渐受到重视。

（一）总体发展情况

1.服务业在经济中占主导地位，但近年来发展缓慢

台湾服务业产值在经济中一直保持着较高的比例，表2.5显示，20世纪80年代中期以前，即在由工业经济向服务经济过渡以前，台湾服务业产值在经济中常年保持47%左右的高比例，台湾服务业产值比例自1988年超过50%以后，服务业进入高速发展阶段，到2005年，服务业产值比例已达71.3%。2008年创历史新高，达73.3%。然而，由于岛内市场狭小，台湾服务业的发展已近极限，同时岛内制造业大量向外转移，以转移到大陆的居多，但由于台湾当局政策的限制，现代服务业未能追随外移的客户开拓新的市场，造成台湾现代服务业陷入了停滞不前的困境，近年台湾服务业占GDP比重呈下降趋势，2014年占GDP的比重下滑至64%，与2008年相比，下降近10%，表明近年来台湾服务业发展比台湾整个经济还要糟糕，以致不进反退。

表2.5　1970–2014年台湾三大产业结构表

年份 产业	1970	1980	1990	2000	2005	2006	2007
第一产业	15.3	9.1	4.0	2.0	1.7	1.6	1.5
第二产业	36.0	43.5	38.4	29.1	27.1	26.8	27.5
第三产业	48.8	47.4	57.6	68.9	71.3	71.6	71.1
年份 产业	2008	2009	2010	2011	2012	2013	2014
第一产业	1.7	1.7	1.6	1.7	1.7	1.7	1.9
第二产业	25.0	28.9	31.5	33.0	32.8	33.2	34.1
第三产业	73.3	69.4	67.0	65.3	65.6	65.1	64.0

数据来源：台湾"行政院主计处"发布的数据。

2.现代服务业在服务业中占据半壁江山

表2.6显示，1995年以来现代服务业在台湾服务业中所占比重在47%—

49% 之间，2006 年起更是稳定在 48.5% 左右，基本上占据了台湾服务业的半壁江山。台湾服务业形成了以批发零售业为主体的传统服务业与以金融保险、房地产为代表的现代服务业并驾齐驱的发展格局。

表 2.6 20 世纪 90 年代以来台湾服务业内部结构变化（单位：%）

行业＼年份	1990	1995	2000	2005	2006	2007	2008
传统服务业	56.74	52.54	52.17	52.07	51.58	51.24	51.39
批发及零售业	24.26	24.45	26.46	27.08	27.44	27.77	27.67
运输及仓储业	8.34	7.26	6.28	5.43	4.98	4.95	4.63
住宿及餐饮业	3.03	2.86	3.12	3.00	2.94	2.96	3.07
公共行政及军事；强制性社会安全	16.82	14.25	12.40	12.30	11.89	11.39	11.79
其他服务业	4.29	3.72	3.91	4.26	4.34	4.19	4.25
现代服务业	43.26	47.46	47.83	47.93	48.42	48.76	48.61
资讯及通讯传播业	4.28	4.47	5.80	5.49	5.34	5.37	5.42
金融及保险业	14.07	12.64	12.78	11.83	11.27	11.34	10.89
不动产及住宅服务业	11.51	15.11	13.15	12.41	12.96	13.11	13.22
专业、科学及技术服务业	2.63	3.07	3.03	3.26	3.51	3.54	3.50
支援服务业	0.96	1.14	1.40	1.90	2.11	2.19	2.30
教育服务业	5.60	6.15	6.41	7.44	7.50	7.54	7.53
医疗保健及社会工作服务业	2.94	3.55	3.99	4.33	4.44	4.36	4.42
艺术、娱乐及休闲服务业	1.27	1.33	1.27	1.27	1.29	1.31	1.33
行业＼年份	2009	2010	2011	2012	2013	2014	2015
传统服务业	51.12	51.71	51.66	51.44	51.47	51.27	51.43
批发及零售业	27.01	27.24	27.41	26.92	27.42	27.18	26.61
运输及仓储业	4.41	4.92	4.47	4.58	4.50	4.68	5.53
住宿及餐饮业	3.25	3.37	3.69	3.83	3.97	4.03	4.27
公共行政及军事；强制性社会安全	12.08	11.90	11.83	11.82	11.32	11.04	10.74
其他服务业	4.38	4.28	4.25	4.30	4.26	4.35	4.29
现代服务业	48.88	48.29	48.34	48.56	48.53	48.73	48.57

资讯及通讯传播业	5.51	5.35	5.18	5.07	4.98	4.87	4.71
金融及保险业	9.69	10.03	10.27	10.24	10.36	10.85	10.95
不动产及住宅服务业	13.94	13.67	13.59	13.64	13.72	13.62	13.58
专业、科学及技术服务业	3.56	3.54	3.53	3.58	3.57	3.53	3.43
支援服务业	2.25	2.27	2.30	2.38	2.40	2.43	2.52
教育服务业	7.85	7.53	7.48	7.52	7.31	7.17	6.99
医疗保健及社会工作服务业	4.67	4.52	4.61	4.73	4.77	4.84	4.94
艺术、娱乐及休闲服务业	1.41	1.38	1.38	1.40	1.42	1.42	1.45

资料来源：根据台湾"行政院主计处"历年各季"国内"生产毛额统计（依行业分）公布的数据整理。

3. 服务业吸纳就业能力相对不足

21世纪以来，台湾服务业占GDP的比重在维持70%左右，已达到发达经济体的水平。然而，服务业就业人数占整体就业人数比重却不到60%（见表2.7），尽管总体上有轻微的上升，2015年升至59.01%，但与先进美国、英国、德国、日本等相比均落后；即便与亚洲四小龙中其他经济体相比，也属落后。由此可见，台湾服务业吸纳的就业人口与其他先进经济体相比相对薄弱，服务业创造就业效果欠佳。台湾服务业以岛内需求为导向，过去主要依靠生产性服务业（支持生产活动并使其他产业顺利经营和发展的服务业）如金融、通讯、信息、流通业等带动整体服务业发展，但20世纪90年代以来岛内企业加快对外投资和生产外移步伐，对岛内生产性服务业市场造成较大冲击。台湾制造业的外移产生大量的非自愿性失业人口，另一方面服务业又无法大幅提供就业机会，从而形成就业失衡。

再者，台湾服务业在高端国际化服务人才，以及异业整合人才等关键服务劳动力也呈现不足，这将严重阻碍台湾服务产业国际化的能力与国际竞争力的提升。目前台湾服务业市场存在低端劳动力供给过剩，但高端技术性劳动力（国际化或跨业整合人才）不足现象。

表 2.7　1981–2015 年台湾地区就业结构变化

年份	从业人数（千人）					所占比重（%）			
	总计	农业	工业	制造业	服务业	农业	工业	制造业	服务业
1981	6672	1257	2828	2162	2587	18.84	42.39	32.40	38.78
1991	8439	1093	3370	2598	3977	12.95	39.93	30.79	47.12
1996	9068	918	3399	2422	4751	10.12	37.49	26.71	52.39
2001	9383	706	3432	2594	5245	7.52	36.58	27.65	55.90
2002	9454	709	3388	2572	5356	7.50	35.84	27.21	56.65
2003	9573	696	3398	2600	5480	7.27	35.50	27.16	57.24
2004	9786	642	3514	2681	5631	6.56	35.91	27.40	57.54
2005	9942	590	3619	2732	5733	5.93	36.40	27.48	57.66
2006	10111	554	3700	2777	5857	5.48	36.59	27.47	57.93
2007	10294	543	3788	2842	5962	5.27	36.80	27.61	57.92
2008	10403	535	3832	2886	6036	5.14	36.84	27.74	58.02
2009	10279	543	3684	2790	6051	5.28	35.84	27.14	58.87
2010	10493	550	3769	2861	6174	5.24	35.92	27.27	58.84
2011	10709	542	3892	2949	6275	5.06	36.34	27.54	58.60
2012	10860	544	3935	2975	6381	5.01	36.23	27.39	58.76
2013	10967	544	3965	2988	6458	4.96	36.15	27.25	58.89
2014	11079	548	4004	3007	6526	4.95	36.14	27.14	58.90
2015	11198	555	4035	3024	6609	4.96	36.03	27.00	59.01

数据来源：相关年份台湾统计年鉴。

4. 服务业空间集聚明显

台湾服务业以城市或科学园区为中心，空间集聚现象明显。台湾的城市区域在相关软硬件设施建设方面相对完善，资金、信息、人才较为聚集。台湾现代服务业的集聚在台北都会区最为明显，台北已成为金融、网络服务、专业咨询、市场中介、教育培训等行业的汇聚中心，各类服务业在此可以充分利用信息畅通、人力资源丰富、行业之间相互支持的优势，从而实现提升经营绩效、进行全球化布局的目标。其次，如新竹、台中、台南、高雄等都会区域也都聚集了一定规模的现代服务业企业。

（二）发展特点

1.服务业岛内规模大，存量优势明显

纵观台湾半个多世纪的产业结构，并没有像其他国家或地区一样经历由产业结构"二、三、一"向"三、二、一"调整的阶段，服务业几乎一直保持着三产之首的地位。这与台湾外向型经济模式在经济发展过程中对服务业特别是运输及仓储、金融及保险等现代服务业依赖程度高有重要关系。服务业在长期强劲的发展中积累了大量的资金、人才、技术、经验等资源，为发展国际化水平的现代服务业奠定了雄厚的物质基础，积攒了丰富的知识资本，在服务业发展过程中能够发挥明显的存量效应，提供有力的物质和知识的支持。

2.政策导向性强

20 世纪 80 年代以来，台湾服务产业的迅猛发展与台湾当局的积极推动密不可分，相继推出了一系列指导性的政策，为服务业的发展指明了方向。当台湾经济逐步由工业主导向服务业主导过渡时，台湾当局于 1986 年推出"推动策略性服务业发展方案"，选择那些产业关联度大、市场潜力雄厚、与民众生活息息相关、附加值高的服务行业，如超级市场、速食餐厅、连锁商店、商品及包装设计、征信及保全服务业、顾问服务业、资讯服务业、文化服务业以及机械设备租赁等 14 项战略性行业作为重点扶持行业，在融资、投资奖励以及市场行销等方面给予辅导，创造有利于服务业成长和壮大的政策环境。为加速台湾服务业发展并满足扩大内需的需要，台湾财经当局于 1988 年推出"服务业发展推动方案"，选定工商服务、资讯服务、工程顾问、现代化商业、休闲娱乐业、环境服务、医疗卫生等 7 大类为"重点发展服务业"。

面对亚洲金融危机的冲击，台湾当局寄希望于服务业的全面发展以再创台湾"经济奇迹"，于 2004 年 9 月推出台湾"服务业发展纲领及行动方案"。该方案包括人才培训、法规松绑、建立有利服务业发展的机制、统合相关部门功能、投资奖励、国际化、发展具有地方特色的服务业及拟定旗舰计划等八大发展策略。

按照台湾 2004 年 12 月制定的"服务业发展纲领及行动方案"，选定金融服务业、流通服务业、通讯媒体服务业、医疗保健及照顾服务业、人才培训人力派遣及物业管理服务业、观光及运动休闲服务业、文化创意服务业、设计服务

业、信息服务业、研发服务业、环保服务业、工程顾问服务业等 12 项服务业作为现阶段的发展重点。在相关的发展策略中，特别提出要推动服务业的国际化，这也为未来两岸服务业的交流与合作提供了重要机会。

为迅速摆脱国际金融危机的阴影，台湾当局于 2009 年 7 月推出"服务业发展方案"，计划到 2012 年，服务业 GDP 达新台币 11 万亿元，每年平均增加 12 万就业机会，服务出口达全球比重 1.2%。为实现这一目标，采取的相关策略主要包括：一是提升服务业国际竞争力，二是加强研发创新，三是创造差异化服务，四是加强人才培育与引进，五是健全服务业统计，六是发展新兴服务业。2009 年 10 月，为提升服务业出口竞争力，增加就业机会，台湾"总统府财经咨询小组"建议将国际医疗、国际物流、音乐及数位内容、会展、美食国际化、都市更新、WiMAX、华文电子商务、教育、金融服务等 10 项服务业作为未来重点发展项目。同年 12 月 16 日，台湾当局还成立"行政院服务业推动小组"，任务包括：协调排除服务业投资及营运之障碍，协助建构适合服务业发展之环境，督导服务业相关计划之落实执行。

2010 年，台湾当局核定了观光、健康照护、文化创意、精致农业、绿能及生技等六大新兴产业方案。无论是六大新兴产业还是十大重点服务业的发展方案，均旨在进一步优化台湾产业结构，加速台湾经济转型升级，同时进一步加强服务业与制造业的关联度，提高产业附加价值。

3.金融业引领服务业发展及对外投资

20 世纪 80 年代中期以来，金融业发展逐渐完善。台湾金融业起步早，在 1986 年金融体系基本结构已经具备，金融机构种类齐全，资本市场活跃，分支机构达到 3523 家。由于政府对金融产业的谨慎态度，早期的金融机构全部是公有性质，从 80 年代后期，金融产业自由化才渐渐开始推行。1988 年，允许设立新的证券商，1990 年允许新的商业银行设立，1992 年开放保险公司自由设立，1995 年开放股票债券公司及证券金融公司的设立，其中 1990 年财政当局开始接受新银行的设立影响最为深远。短短两年内，主管机关核准了 16 家新银行，同时也核准了信托投资公司、大型信用合作社及中小企业银行申请改制为商业银行，使得商业银行的家数倍增。此次金融制度自由化进程为原先僵化的公有银行注入了新的经营理念与活力，有力地推动了金融业服务品质的提高。

台湾金融业的逐步开放，大大增强了行业的国际竞争力，推动了金融企业的发展壮大。真正起到了整个经济体龙头的作用，在台湾经济的起飞中起了不可磨灭的作用。在新世纪金融保险业成为继制造业后第四波对外投资的主要产业。

4. 观光旅游和文化创意产业发展特色鲜明

发挥地理和人文资源优势，重点发展特色鲜明的消费性服务业。台湾自然条件优越，人文资源荟萃，使得岛内逐渐发展起了一批独具特色的消费性服务业，以观光旅游业和文化创意产业最为突出。台湾目前拥有"国家公园"6处，"国家级"风景特区 12 处，森林旅游区 16 处，主题游乐园 41 家，寺庙与古籍历史建筑资源若干，还有多处独具特色的休闲度假区和农业观光区，形成了极具台湾特色的旅游产业链。另一特色产业文化创意产业始于 1995 年前后，主要从事以创意为核心的文化、艺术、娱乐服务业行业，2000 年之后得到了快速发展。近两年文化创意产业总产值占台湾国民生产总值的比重约为 5%，拥有华山、台中、花莲、嘉义、台南五大创意文化园区和台北故宫博物院，形成了以广告、广播电视、工艺、出版主导，产品设计、电影、流行音乐及文化内容等产业激流勇进的多元化文化创意产业集群，成为带动消费性服务业发展的重要力量。

5. 以内需为导向，岛内市场竞争激烈

台湾多数服务业以内需市场为主。金融业方面，60 多家银行约 3400 多个分支机构在岛内争夺狭小的市场，使竞争白热化，岛内金融环境不断恶化，金融机构普遍存在低利率、低利润问题，曾多次引发本土性金融危机。另一方面，制造业厂商持续外移，使金融、港口业的服务对象不断流失，导致这些生产型服务业竞争力下滑：曾为全球第三大港口的高雄港，全球排名已滑落至 10 名之后。第三，台湾消费型服务业如批发零售、住宿餐饮等，在人口增长停滞、收入增长缓慢等因素影响下日益萎缩。2008 年以后，在大陆居民赴台旅游热潮的带动下，台湾消费市场才出现快速复苏势头。

（三）发展优劣势及发展趋势

1. 发展的优劣势分析

（1）发展优势

其一，台湾信息电子产业基础雄厚，有利于服务业以信息科技为基础发展应用服务。

其二，台湾产业集群蓬勃发展，上中下游体系完整且已融入全球供应链体系，有利于服务业发展异业整合及国际化应用。

其三，台湾积极向创新经济体系发展，有利于服务业发展创新模式的应用。

其四，台湾连锁业已普及到许多领域，岛内逐渐具备经营 MALL 的经验，如诚品等，有利于未来经验分享及移植到海外的服务发展。

（2）劣势

其一，台湾岛内市场有限，有效需求不足，台湾服务业的发展需面向亚太地区，借助于东亚地区，尤其是中国大陆的经贸活力和市场规模，如果台湾服务业无法加速拓展岛外市场以增加新的发展空间和加快提高国际竞争力，台湾经济就会因为缺乏新的经济增长点而无法持续稳健成长，面临难以突破的发展瓶颈；岛内人均收入增长趋缓与民间消费扩张力的减弱，使消费性服务业增长动力减弱。

其二，台湾当局对服务业大多采取管制心态，例如政府对特许行业的核准管理模式规定烦琐，对特定行业的规定让企业难以遵循，不利于国际资金进驻台湾，也使服务业融资相对制造业融资难度加大。

（3）机会

其一，大陆服务业市场广阔，资源丰富，开放了大陆服务业市场后，扩大了台湾服务业的外部市场；两岸有共通的语言、相同的习性、共同的文化，以及同宗、同族的亲情关系等，对大陆服务产品和市场的信息、消费等运作较为熟悉，同时大陆服务业的发展也势必借鉴台湾经验，台商在这方面占有先机；两岸经济交流所积累的经验，可转化为双方现代服务业合作的策略要素。

其二，台湾正经历产业结构转型时期，若能积极发展服务业并引入创新机制，将有助于促进产业升级及创造就业机会。

其三，长久以来台湾已与国外跨国企业保持良好的关系，台商全球布局与企业经营国际化，在国际市场及中国大陆市场的经商经验丰富，已构建起广大服务业市场网络，比较容易从跨国企业中获取发展服务业所需的因素。

（4）挑战

在服务业全球化发展趋势下，西方服务产品和管理以强大的经营优势纷纷进入两岸，台湾服务业面临竞争压力；大陆服务业发展潜力巨大，两岸服务业发展差距将不断缩小，台湾服务产品和管理的竞争力将遭到削弱；2013 年 6 月两岸两会签署的《海峡两岸服务贸易协议》至今在台湾"立法院"未通过。

2. 发展趋势

（1）异业结合

其一，异业、异态的合作与交流单一产业市场的各自发展都已趋于饱和，结合不同市场的运用使其更加多元化，是未来新的产业发展模式。例如台湾的医疗体系，各大医院在不同的医疗项目各有所长，尤其因健保制度的关系，台湾各医疗院所不得不做好成本管理，因而得以提供具有品质且低廉的医疗服务。

国际医疗旅游市场早已开始发展，如新加坡、泰国、韩国等，而台湾具有医疗成本的优势，以及自然宜人的观光景点，如再结合岛内的五星级饭店，台湾的医疗旅游市场具有发展的空间。

其二，制造业带动服务业的双引擎动力发展。台湾的制造业，尤其是半导体通讯等电子制造在国际上占有一席之地，台湾的服务业也正逐渐快速发展，还有许多发展改善的空间。经济的发展主轴，也将会逐渐以制造业为中心，转为以制造业及服务业为双主轴心，在制造业带动服务业的双成长下，以期能发挥如同双引擎的发展动力。①

（2）经营模式的创新化

在科技发展的带动下，随着无线网络光纤的快速发展，电子化的商务、通过网络平台的交易以及数位化生活的模式已逐渐成形，因其所带来的便利性及创造的可观商机，而逐渐应用在各个产业中。如网络银行等。

此外，台湾当局推动的自然人凭证，能够让民众在家自行报税、申报网络户籍等，都是数位化的应用。随着无线网络的发展以及各类新兴技术的突破，网络电子化的形态将应用到各个产业，也是未来产业发展的导向。

三、京台服务业合作现状分析

（一）京台服务业合作总体情况

自20世纪80年代以来，两岸经贸交流规模日益扩大，但总体上两岸经济关系呈现为"有交流无合作"或"大交流小合作"的局面，两岸经贸合作面临结构性矛盾，需要从功能性合作向制度化合作转变。2005年，国民党主席连战率团访问大陆，在与胡锦涛总书记达成的共识中均明确提出了"促进两岸经济

---

① 台湾经济研究院:《台湾服务业发展策略之规划》，联经出版社，2007年版，第170页。

全面交流，建立两岸经济合作机制"。这一共识是在充分把握两岸经济关系发展规律的基础上形成的。2008 年国民党在台湾地区领导人选举中获胜之后，随着国共两党、海峡两岸两会高层的不断互动，双方政治互信不断增强，经济合作也有了巨大的新发展。尤其是随着两岸"大三通"的顺利实施和 ECFA 及其后续"投资保护协议"等重要协议的签订与履行，以及两岸经济合作委员会的成立等，两岸经济合作已逐步从"民间、单向、间接"阶段，向"直接、双向、机制化、制度化"阶段转变。经过两岸双方的共同努力，两岸经济关系逐步形成了大交流、大合作、大发展格局。与两岸经济关系发展大势相适应，京台服务业合作开始升温。

表 2.8　1991-2015 年台商大陆分区域主要服务行业累计投资（单位：千美元）

省/市/自治区	批发及零售业	资讯及通讯传播业	金融及保险业	运输及仓储业	艺术、娱乐及休闲业	专业、科学及技术服务	不动产业	住宿及餐饮业
北京	506.74	274.13	1498.92	10.42	46.10	107.31	42.82	38.15
天津	167.10	11.86	345.54	37.46	2.06	33.63	50.68	50.88
河北	43.30	0.95	—	4.65	445.00	1.78	11.65	220.00
山西	18.43	—	0.6			0.22		0.11
内蒙古	15.75	1.00	—					—
辽宁	156.62	9.12	280.00	9.16	7.18	9.43	254.80	3.74
吉林	6.37	—	0.03		1.20	2.15	100.00	210.00
黑龙江	10.19	3.66	—		0.46			0.8
上海	2574.54	608.21	3851.2	380.17	121.84	775.92	1820.23	365.55
江苏	1772.49	613.02	1527.35	151.22	98.36	277.49	828.75	76.12
浙江	400.16	46.38	297.97	17.45	44.67	197.84	125.04	53.43
安徽	261.51	5.30	112.62	0.15	2.20	1.3	0.80	14.77
福建	479.21	58.03	1240.93	78.73	46.82	66.87	232.84	60.84
江西	50.62	0.85	—	79.62	0.70	1.14	5.74	1.36
山东	367.60	12.90	116.62	14.27	2.13	50.98	219.31	19.95
河南	58.25	33.62	60.00	0.08	648.00	1.67	33.13	6.93

续表

湖北	157.24	45.23	255.83	3.00	16.09	2.28	13.00	19.66
湖南	26.63	0.6	—	1.10	3.07	1.24	14.09	9.09
广东	1623.87	410.41	1170.84	65.20	88.49	104.74	46.14	23.65
广西	28.48	51.00	—	—	98.65	0.14	1.06	1.45
海南	22.11	2.18	—	0.31	29.07	1.38	3.60	7.99
重庆	246.26	61.23	—	36.52	—	159.37	78.02	1.02
四川	439.67	32.83	211.67	12.99	0.83	103.87	339.66	44.11
贵州	23.83	1.00	0.36	—	—	0.10	10.27	2.30
云南	22.82	2.26	—	—	3.18	0.065	0.23	0.36
西藏	0.042	—	—	—	—	—	—	—
西北	101.63	20.56	0.1	—	2.93	1.67	0.25	7.13

数据来源：根据台湾"经济部投资审查委员会"核准对大陆投资分区分业统计数据整理计算得出。

1. 台商投资大陆服务业的区域分布

从投资地域看（见表 2.8），台商对大陆服务业投资的地域分布与制造业的地域分布呈现极强的相关性。台商服务业投资的地点主要集中在上海、江苏、广东、北京和福建五个省市。再从投资产业看，投资大陆的服务业主要包括批发零售业，信息及通讯传播业，金融及保险业，运输及仓储业，餐饮业，艺术、娱乐及休闲等。台商服务业不同的细类产业的投资地点也有所不同，其中批发零售业、信息及通讯传播业、金融及保险业主要集中在上海、广东、江苏、北京等地；运输业投资地也主要集中在上海，其次是江苏和福建；艺术、娱乐及休闲主要集中在上海、广东和广西；专业、科学及技术服务集中在上海、江苏和北京；不动产和餐饮业集中在上海、江苏和福建。上海是台商服务业投资最集中的地方，几乎各个行业在上海的投资金额都是最高的，而且与其他省市相比差额还比较大。

表2.9　1991-2015年台商对北京服务业投资金额（单位；千美元）

行业	1991-2006	2007	2008	2009	2010	2011	2012	2013	2014	2015
全部	1008232	146841	161871	187520	177983	154156	132104	176216	139230	1428201
服务业	363445	56765	40513	133475	100854	105202	130081	124874	114898	1415328
批发及零售业	108423	31274	8722	120309	8403	46324	48737	76815	48444	9288
运输及仓储业	5097	600	0	0	450	3581	400	294	0	0
住宿及餐饮业	16643	1630	7315	3054	1596	1390	2605	845	1340	1728
资讯及通讯传播业	121892	12767	17820	5150	35758	23753	15569	23684	4176	13565
金融及保险业	11676	1838	0	0	0	11362	55528	2150	50629	1365738
不动产业	2098	1978	1500	0	32128	2878	136	2100	0	0
专业、科学及技术服务业	42336	1500	936	3115	14051	1771	647	8154	9793	25009
支援服务业	2792	300	0	0	148	20	269	82	516	0
教育服务业	270	2980	1300	73	150	0	190	0	0	0
医疗保健及社会工作服务业	2200	0	2920	0	6707	3540	0	0	0	0
艺术、娱乐及休闲服务业	32896	325	0	0	0	2125	0	10750	0	0
其他服务业	17122	1000	0	0	0	8460	6000	0	0	0
未分类	0	574	0	1775	1464	0	0	0	0	0
传统服务业	147285	35078	16037	125138	11913	59755	57742	77954	49784	11016
现代服务业	216160	21687	24477	8337	88941	45447	72339	46920	65114	1404312

传统服务业占比(%)	40.52	61.79	39.58	93.75	11.81	56.80	44.39	62.43	43.33	0.78
现代服务业占比(%)	59.48	38.21	60.42	6.25	88.19	43.20	55.61	37.57	56.67	99.22

数据来源：根据台湾"经济部投资审查委员会"核准对大陆投资分区分业统计数据整理计算得出。

2. 台商对北京服务业投资情况

（1）投资总体情况

根据台湾"经济部投审会"核准台商对大陆投资数据（见表 2.9），1991年到 2015 年，台商对大陆累计投资金额 37.12 亿美元，其中服务业投资金额25.85 亿美元，占 69.64%。就服务业内部看，投资在现代服务业领域金额合计19.94 亿美元，占 77.14%；投资在传统服务业领域 5.92 亿美元，占 22.86%。显然，台商对北京市服务业的投资主要集中在现代服务业领域。

从台商在北京投资企业数量的行业分布看，也可以看出台商在北京的投资主要集中在服务业。图 2.1 显示，根据北京市台办经济处提供的数据，在北京投资的台资企业数量总计 1238 家，其中投资服务业的台资企业数量 1057 家，占总量的 85%；投资在工业领域的 174 家，占 14%；投资在农业领域的仅 7 家，占 1%。

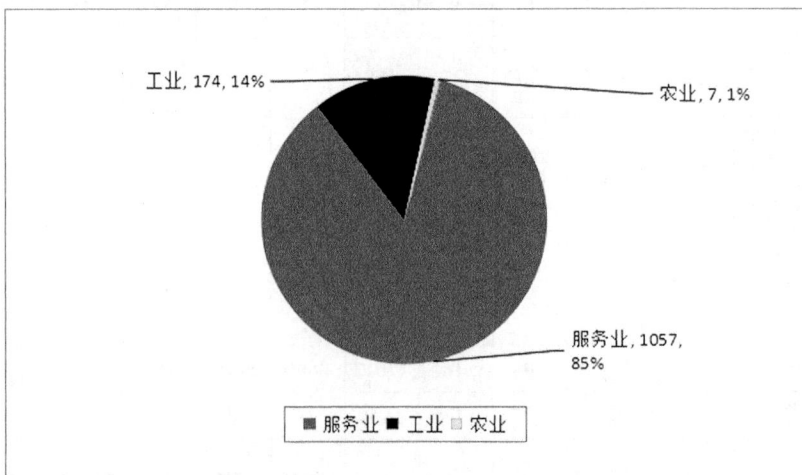

图 2.1　北京市台资企业三大产业分布情况（单位，家）

数据来源：北京市台办经济处。

进一步分年度看，台商对北京市现代服务业的投资在 2010 年以来总体上有明显的增加。2010 年核准投资金额 0.89 亿美元，占对全部服务业投资金额的 88.19%；2010 年之后，台商对北京现代服务业投资金额最低为 2011 年的 0.45 亿美元，最高为 2015 年的 14.04 亿美元，2015 年对现代服务业投资占全部服务业投资的比例高达 99.22%。

从现代服务业细分行业看，台商对北京现代服务业投资前四大行业依次为：金融保险业，1991 年至 2015 年累计投资额 14.99 亿美元；资讯及通讯传播业，1991 年至 2015 年累计投资额 2.74 亿美元；专业、科学及技术服务业，1991 年至 2015 年累计投资额 1.07 亿美元；艺术、娱乐及休闲服务业，1991 年至 2015 年累计投资额 0.46 亿美元。显然，金融及保险业是京台现代服务业合作的最重要领域。

（2）北京台资企业投资空间布局

北京现有 16 个区县，划分为四大功能区，即由新东城区和新西城区构成的首都功能核心区，由朝阳区、海淀区、丰台区和石景山区构成的首都功能拓展区，由房山区、门头沟区、昌平区、顺义区、通州区和大兴区（含北京经济技术开发区）构成的城市发展新区，由平谷区、怀柔区、密云县和延庆县构成的生态涵养发展区。

根据北京市台办经济处提供的数据，截至 2013 年年底，台商在北京各区县投资的台资企业家数（在营业）总计 1238 家，但在北京各区县的投资极端不平衡，主要集中在首都功能核心区和首都功能拓展区，其中在朝阳区的台资企业数量 527 家，占北京台资企业总数的 42.57%；而在北京生态涵养发展区台资企业数量仅为 51 家，占北京台资企业总数的 4.11%。（详见表 2.10）

表 2.10　北京各区县台资企业分布表（在营业）

所在区县	台资企业数量	占比（%）
朝阳区	527	42.57
海淀区	226	18.26
东城区	94	7.59
西城区	82	6.62
大兴区	73	5.90

顺义区	45	3.63
昌平区	31	2.50
通州区	36	2.90
丰台区	31	2.50
石景山区	22	1.78
房山区	19	1.53
密云县	15	1.21
平谷区	18	1.45
怀柔区	15	1.21
延庆县	3	0.24
门头沟区	1	0.08
合计	1238	100%

数据来源：北京市台办经济处。备注：数据截止到 2013 年年底。

3. 北京企业对台湾服务业投资情况

2009 年 6 月 30 日，台湾方面宣布开放陆资赴台，首批开放的三大类产业中，服务业开放 23 项，以批发与零售业为主，包括百货公司、餐饮业等。2010 年 5 月 20 日，台湾方面又开放了银行、证券、期货等 12 个项目。2011 年 1 月 1 日、3 月 2 日，配合 ECFA 早收清单实施，台湾相继开放 43 项。根据台湾"经济部"统计，第三阶段开放陆资赴台后，加上以往开放的 89 项，制造业累计已开放 204 项，开放幅度达 97%；服务业累计已开放 161 项，开放幅度 51%；公共建设累计开放 43 项，开放幅度 51%。① 调查显示，批发零售业是大陆企业赴台投资的首选，2009 年 7 月以来，此项陆企申请案 307 件，累计 1.6 亿美元，资金到位率逾 8 成。②

在实现两岸双向投资的大形势下，2009 年 6 月在台北举行了"京台企业领袖高峰会"。这个由北京和台湾两地多个民间经济团体、行业组织联合主办的大型交流活动，汇聚北京和台湾的工商业界企业家、学者和专业人士 300 人，围

---

① 《台湾第三阶段开放陆资赴台投资项目正式生效》，http://www.taiwan.cn/xwzx/la/201203/t20120331-2414357-1.him。

② 《调查显示：批发零售业成陆资来台投资首选》，http://econ.taiwan.cn/investw/201404/t20140429_6088100.htm。

绕"应对危机、共度时艰"的主题，共同开拓携手合作、共取双赢的新前景。"开放陆资"是会上的热门话题。众多北京企业家有意到台湾发展，他们希望更深入了解当地市场，尤其是具丰富文化特色的北京老字号，对于开拓台湾市场充满信心。至于投资模式还要看台湾方面的政策开放程度。

京泰发展有限公司（简称"京泰发展"）是北京控股集团有限公司及其所属京泰实业（集团）有限公司于 2010 年 12 月在台湾地区注册成立的陆资企业，目前已成为北京市在台湾地区的"窗口公司、联系公司、平台公司"。公司注册资本金 2.5 亿元新台币，是在台商贸类陆资企业中规模较大的一家。同时，也是第一家由大陆大型国有企业在台湾地区设立的有限公司。

京泰发展的母公司北京控股集团有限公司是北京市基础设施、公用事业和发展绿色低碳能源的投融资平台。京泰发展的另一母公司京泰实业（集团）是具有 30 多年历史的北京市海外"窗口公司"，目前承担着北控集团系统海外联系公司、资产管理公司和价值投资公司的重要职能，是京港洽谈会的协办单位和京台科技论坛的重点支持企业。京泰发展成立以来，以自身经营沟通两岸经贸，培育了双向贸易、双向投资、金融合作、技术交流、商务考察等五大业务。

积极推动京台两地双向贸易。2011 年 4 月，在京泰发展推动下，大陆三大知名啤酒品牌之一燕京啤酒在台湾岛上架销售，在四个月时间内建立起网点超过 1 万家、经营范围覆盖全台的销售网络，台湾民众对燕京啤酒的知名度从 5% 提高到 73% 以上[①]。同时，京泰发展每月还固定采购台湾爱之味系列饮料销往北京市场。

积极推动京台企业双向投资。2011 年 4 月，由京泰发展、北京燕京啤酒和台湾耐斯爱之味共同设立"台湾燕京爱之味国际股份有限公司"。2011 年 10 月，京泰发展与北京三元食品公司、耐斯爱之味合资 4 亿人民币，在北京成立健康饮料生产工厂和销售公司。这一项目是 ECFA 签署后台商在北京投资的第一个大型项目。2013 年 6 月，京泰发展与北京一轻公司和台湾联华食品准备共同筹组设立"台湾红星股份有限公司"，实现北京又一知名品牌——红星二锅头在台生产、返销大陆。今后，公司还将进一步推动京台企业互惠互利、双向投资。

北京不仅有大型企业投资台湾服务业，也有中华老字号便宜坊焖炉烤鸭店走进台湾。北京便宜坊烤鸭集团 2013 年 12 月在台湾与高雄河边餐饮集团签署

[①] 《中国经贸》编辑部：《牵手京台融通两岸、互利合作共创双赢》[J]，《中国经贸》，2013 年第 11 期，第 56 页。

合作协议，合作在高雄港的香蕉码头开办一家便宜坊烤鸭餐厅。这是便宜坊烤鸭在大陆以外地区开设的第一家分店。

便宜坊创建于明朝永乐十四年（公元 1416 年），距今已有 600 余年的历史，是大陆首批认定的"中华老字号"，其"焖炉烤鸭"是北京烤鸭两大流派之一，是国家级非物质文化遗产，因烤制过程鸭子不见明火，被誉为"绿色烤鸭"。便宜坊与台湾高雄河边集团双方洽谈六年，到宜兰、彰化与屏东寻觅"最合适"的鸭种，最后采用屏东出产的鸭只，缩短运程，希望以台湾的鸭呈现美味。

两岸餐饮业合作，一方面，台湾和大陆同文同种，饮食文化与传统习惯都极为相似，彼此没有生疏感，接受度高；另一方面，台湾餐饮企业与国际接轨程度高，通过与他们的合作，能学到很多市场化经验。对于想要"走出去"的便宜坊，台湾是很理想的衔接点。而台湾的餐饮业也能通过与大陆餐饮业的合作，带动技术队伍的提升，达致双方互补共赢的目标。

（二）京台服务业合作中面临的问题

1. 京台服务业合作呈现明显单向、不平衡格局

目前，京台服务业合作的主要形式是台商投资北京服务业，呈明显单向、不平衡状态。2008 年国民党上台执政之后，着手调整两岸经贸政策。2009 年 4 月 26 日，在南京举行的第三次海协会、海基会两会会长会晤达成历史性的"陆资赴台共识"。同年 6 月 30 日，台湾发布实施"大陆地区人民来台投资许可办法"和"大陆地区人民之营利事业在台设立分公司或办事处许可办法"，同时公布了第一批开放的 192 项陆资投资项目，陆资入岛才获得突破性的进展。

2010 年 6 月《海峡两岸经济合作框架协议》（简称 ECFA）签署后，台湾当局陆续开放新项目，但开放产品项数只有大陆开放产品项数的 80 %。两岸经贸往来呈现"陆企在台湾享受不到基本的 WTO 待遇，而台商在大陆则享有超 WTO 待遇"的不对称格局。

台湾对大陆服务业的开放以餐饮和批发零售为主。这些产业在台湾内部不但发展相对饱和，而且成本高，利润低，市场竞争激烈。台湾现行开放陆资赴台投资的产业欠缺吸引力。而真正对大陆企业有较强吸引力的优势产业，如金融服务业、专业服务业和高科技产业等，都没有开放陆资赴台投资。

从近两年侨商投资台湾的前五大行业看，投资金额比重最大的是金融保险和金融控股业，合计占外商在台投资总额的半壁江山，其次是电子零组件和电

脑配件、电子产品等，再次是批发及零售业，上述五大产业合计占侨商在台投资总额的比重高达七成以上。由此，金融服务业与电子信息等高科技产业不仅是真正对大陆入台投资有较强吸引力的优势产业，而且也是近年来外商在台投资的主导产业。而这些早已对欧、美、日开放投资的产业，却以危害台湾经济安全或冲击岛内本土产业为由而拒绝对大陆开放。这一方面反映了台湾方面对陆资入台的歧视和限制，另一方面也表明，如果台湾不尽快调整对陆资开放的政策，实行对陆资和外资的一视同仁，大陆在台投资不可能有大的发展。

陆资入台面临的突出问题，除了严格的产业限制外，还有高成本的困扰。台湾是个资源极度匮乏，但经济发展水平较高的地区。台湾的劳动力工资高，约相当于大陆同等劳动力工资的6—8倍。台湾是寸土千金，土地资源奇缺，土地、房屋价格高，租金高，在岛内购买和租赁房屋、地产极为不易。台湾这种高成本、高物价、高工资的投资环境，对于在台湾从事劳动密集产业的传统服务业如餐饮业来说是一大困扰。

2. 京台服务业合作规模小且以传统服务业为主

从台商在北京投资结构来看，虽然主要集中在服务业，但以投资餐饮业居多。这种结构与北京服务业发展的主方向不一致。商务部和北京市政府于2015年9月13日共同印发《北京市服务业扩大开放综合试点实施方案》，将用三年时间逐步扩大开放北京市科学技术服务、互联网和信息服务、文化教育服务、金融服务、商务和旅游服务、健康医疗服务六大重点服务领域。因此，对北京而言，加强台资的产业结构导询成为当务之急。

在京台服务业合作上，应将现代服务业作为主要的投资方向。即以金融保险、文创产业、互联网和信息服务业、旅游服务等现代服务业，改变原来投资于食品、饮料和餐饮、商贸等劳动密集型饱和型传统产业的做法。投资现代服务业，才能克服工资、地价高昂和投资成本高等问题，提高投资和经营收益。

（三）京台现代服务业合作的重点领域

京台产业结构高度趋同，都已经形成服务业绝对主导的经济结构，且现代服务业在京台两地服务业中占比很高，两地在现代服务业领域的合作也具有一定的基础。目前，除传统服务业外，金融证券、通讯、医疗、人才培训、文化创意、研发、企业顾问等新兴知识型服务领域的合作蔚为风潮。服务业领域广阔，选择优势与具潜力的合作领域是北京开展京台经济交流与合作的重要战略选择。结合两地现代服务业发展现状、合作基础以及合作发展前景，京台现代服务业合作的主要领域包括金融业合作、现代信息服务业合作以及文化创意产业合作。

1. 金融业合作

金融业是北京现代服务业中集中度高、辐射力强的第一支柱产业。现在北京金融业作为大陆的金融决策中心、金融信息中心和金融服务中心，已经逐步形成"一主一副三新四后台"的空间布局。在这里，"一主"是指西城区的金融街；"一副"是指朝阳区的商务中心区（CBD）；"三新"是指海淀区的中关村西区、原东城区东二环的商务区和丰台区的丽泽商务区，将分别规划为新兴科技金融功能区、新兴产业金融功能区和新兴金融功能区；"四后台"是指海淀区的稻香湖、朝阳区的金盏、通州区的商务区和西城区的德胜园区。北京金融业的总体布局，为北京金融业的进一步发展和将北京建设成国际金融中心城市，打下了坚实基础。

目前，台湾有38家银行，保险公司57家，以及327家农会信用社，台湾岛内的金融机构的相互竞争非常激烈。为了提供最佳的服务，必须增加更多的人力及提供更创新的金融产品以满足顾客的需求，台湾的金融业者已累积了一定的软实力。过度竞争一直是台湾金融业最大的问题，即是过多的存款没有出口，无法贷放给在大陆经商的台商，以致利差低。随着台湾制造业的大量外移，尤其是将生产基地转移至大陆，岛内金融机构（主要是银行）的生产性或企业性金融业务发展受到很大限制，各类金融企业希望能到大陆设点，服务台商。

2008年台湾实现第二次政党轮替，两岸关系进入一个新的发展阶段。2009年11月，两岸签署《两岸金融监管谅解备忘录》（简称MOU），借以推进两岸金融合作。目前，两岸金融合作已进入扩大与深化阶段：一是建立了两岸货币清算机制。2012年8月两岸签署了《海峡两岸货币清算合作备忘录》。随后台湾于2012年9月17日选定台湾银行上海分行作为台湾在大陆的货币清算行，大陆于12月11日选定中国银行台北分行作为大陆在台湾的人民币清算行。至此，两岸货币清算的框架基本建立，为两岸开展货币清算业务奠定了基础。2013年1月25日，中国人民银行与中国银行台北分行签署《人民币业务清算协议》；2月6日，台湾岛内首批46家金融机构正式开办人民币业务。目前台湾地区银行在大陆共设立10家分行和6家代表处，各项业务发展稳定。二是两岸证券期货业与保险业交流合作进程加快。2013年1月29日，两岸证券期货业监管机构在台北召开"两岸证券期货监管合作平台会议"首次例会,确认了双方监管合作平台的具体内容和运作机制,初步同意在 ECFA 下扩大对台湾相关金融业务的开放。在保险业方面,两岸保险业监管机构明确,要共同推动建立两岸保险监管合作平台,为台湾保险业以更有利的竞争优势进入大陆市场创造条件。三是大陆资本市场已向台湾同胞全面开放,在台湾同胞可购买采用外币计价的大陆 B 股基础上,2013 年 4 月 1 日开放台湾同胞直接投资大陆 A 股。以上协议的签署,两岸实现金融监管合作机制方面的突破,有力推动了两岸金融交流的规范化和制度化。在这样的背景下,台湾金融业到大陆的发展与两岸金融合作成为一个新的趋势,北京中央级金融机构的总部优势、政策优势以及北京大力建设金融区域中心(金融街)优势等,将是台湾金融业的重要选择,合作前景看好。

2. 现代信息服务业合作

从北京信息企业的发展规模来看,多数还处于快速发展的阶段。从企业经营销售状况来看,处于稳步提升状态。从科研和产品研发情况来看,研发力度不是很强。由于资本技术等方面的制约因素,这些企业的产品研发还有待进一步开发。从企业人力资源状况来看,员工属于高学历层次,人员流动较频繁,相关的薪资待遇保持稳定,这对于企业的长远发展属难得优势。从企业自主创新和知识产权角度来看,自主创新能力不强。

台湾信息产业崛起于 20 世纪 80 年代,到 90 年代后开始步入高速增长时期,目前发展已经相对成熟,具有较强的国际经营能力和产品创新经验使台湾在世界信息硬件业中占有一席之地。信息产业是带动台湾经济发展的支柱产业,台湾是世界上最大的电子信息及相关产品的代工基地,信息产业具有相当规模,上下游产业链趋于完善。信息硬件产业通过 OEM 和 ODM 等方式参与国际分工,获得了成本竞争优势,使其在世界资讯电子产业中占据重要位置。

京台信息产业合作要加强政府产业的政策性指导,政府产业政策的影响和示范作用日益凸显。同时政府应不断加强信息产业政策的法律化进展,促进产业健康和可持续发展。京台信息产业合作应该充分发挥各自优势,规避劣势。

3. 文化创意产业合作

发达国家和地区经济发展的经验表明,进入后工业社会后文化资源将逐渐成为主要生产要素,文化消费在经济中也将占有日趋重要的角色。台湾先于北京进入后工业化发展阶段,在文创产业发展上拥有促进文化与科技融合的创新优势；北京则拥有文化品消费市场优势。两地都拥有丰富的文化资源且各有特色，还都非常重视创意设计产业的发展，均将文化创意产业作为未来服务业发展的重点项目，全力推动。

北京市"十一五"规划中就已提出了北京市要走高端产业发展之路，并明确文化创意产业发展的重点。"十二五"期间北京文化创意产业取得的成绩，可以用"创新、合力、统筹、平台、国企改革"十个字概括。市委市政府在十七届六中全会之后，决定设立北京市国有文化资产监督管理办公室，统筹推进全市的文化创意产业发展，负责全市文化投资、资本运作以及文化创意产业园区、重大文化项目的规划立项和组织实施；既发挥市场在资源配置中的决定性作用，也发挥政府的积极作用；重视与中央有关部门和中央企业开展合作，共同推动北京文化创意产业发展；文资办成立以来，主要搭建了以下几个方面的平台：一是金融资本和实体产业对接的投融资平台，二是文化产品生产企业与文化消费者的对接平台，三是搭建文化市场要素的对接平台，四是搭建行业和政府部门沟通交流的平台。从总量规模来看，2014 年，北京文化创意产业实现增加值2826.3 亿元，占地区经济比重达到 13.2%，是首都经济中仅次于金融业的第二大支柱产业。从发展速度来看，三经普的数据显示，2013 年，全市文创产业法人单位达到 14.6 万家。从产业集聚来看，三经普数据显示，全市 20 个文创功能区有文创单位 7.4 万个，占全市总量的 50.8%；文创从业人员 119.6 万人，占全市总量的 65.2%；文创资产总值 14108.3 亿元，占全市总量的 68.5%；文创收入 8331.4 亿元，占全市总量的 67.3%；产业空间集聚、集约发展的态势日益显现。北京的全国文化中心地位得到进一步强化。2014 年，大陆文化产业增加值中，北京占比达到 12%。大陆评选的"文化企业 30 强"中，北京辖区的企业占到 1/3。2015 年上半年，新三板市场挂牌的文创企业中，北京辖区达到 16 家，占大陆同行业挂牌企业总数的 43%，位列大陆第一。

北京文化创意产业取得了长足发展，但也存在一些制约因素：大部分文化创意企业资本金规模小，面临较高的市场风险。文化创意产业人才总量不足。文化创意产业人才结构性短缺，十分缺乏的两类人才是内容创意人才和擅长将创意作品产业化和市场化的经营管理人才和营销人才。文化创意产品外销市场不足。

京台两地文化创意产业的发展各有优势，为进一步加强合作，优势互补，创造双赢的局面，北京可以充分利用台湾丰富的创意和人才，而台湾可以借助北京文化创意产业平台开拓更大的市场，获得充裕的传统资源，将创意产业化、商品化。目前，北京的文化创意产业发展呈现出一种硬实力（经济基础、传统资源、内需市场）雄厚、软实力不足的局面。台湾是较早关注文化创意产业的地区之一。台湾文化创意的亮点在于民间自发形成、不断喷涌而出的各种创意事业，以及由此而形成的各种优势。台湾文化创意产业在很多行业领域中建立了在亚洲，乃至华人世界的影响力，如在流行音乐领域、表演艺术领域、影视制作领域等。但台湾市场小、规模小，无法靠内需市场形成产业，这一点已经严重制约了台湾许多文创行业的发展。

第三章　京台现代服务业合作中政府与市场关系理论探讨

在现代市场经济中，政府与市场的关系始终是一种至关重要的关系。现代市场经济是一种混合经济，既包括"私人部门"，又包括"公共部门"，从资源配置方式来说，既有市场机制，又有政府行政机制[①]。政府与市场都是解决稀缺资源配置问题的特定制度安排，二者的主要区别在于决策模式的不同：前者主要是一种权威的、集中的决策模式，而后者则主要是一种大众的、分散的决策模式。在现实经济生活中，一切资源配置的实现都是市场和政府互相结合的结果，而所有的结合都是在不完善的市场和不完美的政府之间的一种次优组合[②]。在京台现代服务业合作过程中，政府与市场的作用亦是都不可或缺，关键是如何处理好两者的关系，发挥各自应有的功能作用。

一、产业发展中政府与市场的一般功能

（一）政府与市场关系的一般理论

自 18 世纪以来，政府与市场的关系就一直是经济学家关注的焦点，存在两种相对极端的观点：一种观点认为，政府职能是有限的，"公民借助运行良好的市场机制、自身努力和劳动收入，完全能够满足个体和社会需求。有限的政府职能主要体现在纠正市场失灵，提供公共物品，弥补市场不足"。[③]这种"自由放任"的经济制度主要流行于 19 世纪，古典经济学派是其代表。

[①]　王善迈主编：《市场经济中的政府与市场》，北京师范大学出版社，2002 年版。

[②]　陈雨露：《金融发展中的政府与市场关系》，《经济研究》，2014 年第 1 期，第 16 页。

[③]　[美] 维托·坦茨：《政府与市场：变革中的政府职能》，王宇等译，商务印书馆 2014 年版，第 47 页。

与之相对立的观点则认为，应该由政治家来做出大部分决策，因为政治家代表国家利益。在这种政治制度下，政府必须对社会经济福利负责，因为政府占有生产资料，剥夺了私人财产，市场的作用很小，或几乎不起作用。在这种政治制度下，个人没有任何经济自由，个人从事经济活动的积极性被压制，甚至被剥夺。个人成为政府的财产，个人的偏好无足轻重。"只要政府认为时机合适，就可以随时'使用'个人。政策制定者是社会需求的唯一诠释者。一般将这种体制称为'计划经济体制'或'指令经济'。"①

但大多数国家的政府职能介于上述两种极端观点之间，既不像计划经济体制中那样无所不能，也要比古典经济学派所限定的范围广泛。具体到政府在经济发展中的职能，可以归纳为以下方面：

第一，政府是"守夜人"。最好的政府是最小的政府，亚当·斯密认为政府的积极作用在于：一是保护社会，使其不受其他独立社会群体的侵犯；二是尽可能保护社会上各个人，使之不受社会上任何其他人的侵害或压迫；三是建设并维持某些公共事业及某些公共设施。②哈耶克认为，政府代替市场进行经济决策是一种"致命的自负"。

第二，政府是"干预者"。20 世纪 30 年代的大萧条之后，市场失灵论占据主导，凯恩斯提出政府干预理论，认为供给不能自动创造需求，经济不能够自动达到均衡状态，需要政府干预，通过增加公共投资以弥补私人部门的总需求不足。

第三，政府是"裁判员"。以弗里德曼、斯蒂格勒等为代表的芝加哥学派提倡自由市场经济，质疑所有形式的政府干预。斯蒂格勒（1972）指出，监管者经常会被监管对象俘获，监管很少甚至从未使市场变得更加有效。不过，他也提出，只有对政府干预行为进行实证分析之后，才能证明上述结论。③政府存在的意义在于它是竞争规则的制定者和市场竞争的裁判者。以科斯、诺斯为代表的新制度经济学者认为政府的主要职能是界定产权，制度是一国经济增长的内生变量。

---

① ［美］维托·坦茨：《政府与市场：变革中的政府职能》，王宇等译，商务印书馆，2014 年版，第 48 页。

② ［美］亚当·斯密：《国民财富的性质和原因的研究》（下卷），商务印书馆，1974 年版，第 253 页。

③ ［美］维托·坦茨：《政府与市场：变革中的政府职能》，王宇等译，商务印书馆，2014 年版，第 63 页。

政治经济学理论将二战后政府与市场的关系区分为四种类型：一是自由型政府，即政府不干预经济事务，发挥市场的主导作用。典型代表是盎格鲁 - 撒克逊地区。二是福利型政府，即政府为市场策略设定社会目标，政府的经济职能从资源配置扩展到纠正更加一般性的市场失灵，政府更加关注外部性、公平和稳定。典型代表是北欧国家。三是发展型政府，即政府与社会共同协调市场策略，政府的镶嵌式自主调和了政府与经济部门之间的核心关系，形成在垂直命令与约束下，横向间进行咨询、协调的模式。[①] 典型代表是以韩国为代表的东亚地区。四是社会主义型政府，即政府试图将市场与社会行动纳入国家运行的结构当中。包括东欧、中国等。[②]

实质上，在现实世界中，上述各种政府职能都不可能孤立存在，所有国家和地区的政府都或多或少地具有上述类型政府的一些特征。政府的经济职能不可能是一成不变的，随着经济社会的发展，在某一历史时期，政府的干预者倾向更为明显，在另一时期裁判员的倾向更为明显。因此，政府与市场的关系是动态波动的关系，政府的经济职能随着市场环境的变化不断演进，同时又对市场环境造成影响。

（二）政府的一般功能

1. 作为"市场失灵"弥补者的政府

市场并非是万能的，即便是倡导自由市场的经济学者也普遍承认，垄断、外部性、公共物品和信息不对称等原因会导致市场失灵，即在这些方面市场机制不能很好地发挥作用。正是因为在诸多方面市场机制运作是低效或者是无效的，一个自然的逻辑是通过政府行为弥补市场失灵造成的这些缺陷。

从资源配置的视角看，市场调节虽然是实现产业资源优化配置的首要途径，但市场经济的自发调节功能存在一些固有的缺陷与局限性，对部分经济活动领域无法实施有效调节，比如资源配置效率与社会公正的矛盾问题、公共职能（基础设施、环保类）的承担问题、市场调节的盲目与滞后性等。具体而言，市场机制配置资源的缺陷表现在外部负效应问题、垄断低效率问题、公共产品供

① Evans Peter. Embedded Autonomy: *State and Industrial Transformation*, Princeton: Princeton University Press, 1995, p12.

② Sean O. Riain, States and Markets in an Era of Globalization, *Annual Review of Sociology*, Vol. 26 (2000), pp. 187-213.

给不足问题、收入分配失衡问题、失业问题以及区域经济发展失调等方面。实际上，区域产业分工与合作的形成受到市场自发选择和政府主导的共同作用。作为正式制度安排的政府在区域产业合作过程中扮演着特殊作用，其既是经济运营的监控者又是直接参与者。产业合作博弈的发生有的是市场自主进行，有的则需要外界引导，本身具有较大的不确定、不稳定性，这就需要政府由宏观角度致力于建构合理全面的法律、法规与政策体系。

也就是说，在市场无法合理配置资源的情况下，需要政府采取有效的宏观调控措施进行弥补，扮演市场失灵弥补者的角色。

2. 作为产业政策制定者的政府

产业政策作为促进经济发展的手段，虽然在理论上存在诸多争议，但在发展中国家或地区经济发展实践中的作用也被广为接受。根据"经济发展论"的观点，产业政策来自增强经济实力、提高国际竞争力和促进产业结构高级化的需要。[①] 对于发展中国家和地区而言，学习借鉴先进国家和地区发展的成功经验能够带来"后发优势"，可以通过合理的产业政策推动产业结构的调整和升级，缩短产业结构的演进周期，进而缩小与发达国家和地区的经济发展差距。两岸都是后发型经济体，产业政策在各自的发展道路上起到重要作用。尤其是，在国际金融危机以后，两岸不约而同采取了相似的产业政策，即加快培育发展新兴产业，将金融危机的内外冲击转化为蝶变发展契机，维持和提升产业国际竞争力。在两岸经济紧密联系的今天，两岸产业政策必然相互影响，或作用相互叠加，拉动两岸产业共同发展和两岸产业合作，或作用相互抵消，降低政策效果，不利两岸产业合作。

（1）大陆产业政策演变

大陆 20 世纪 80 年代末正式推行产业政策以来，政策措施一直以产业结构调整为主线，但结构调整的内涵在不断丰富和拓展，据此大体上也可将其演变历程分为以下三个阶段：

第一阶段：夯实工业基础（1989—1999）。20 世纪八九十年代，大陆经济面临的基本问题是工业基础薄弱且内部结构不合理，如何在做大工业经济总量的同时优化内部结构是当时面临的重要任务。在此背景下，1989 年 3 月 15 日，大陆颁布实施第一个明确的产业政策文件——《国务院关于当前产业政策要点

① 吕明元：《产业政策、制度创新与具有国际竞争力的产业成长》，《经济社会体制比较》，2007 年第 1 期。

的决定》，正式将产业政策作为调整产业结构、促进经济发展的重要手段。该决定指出了制定产业政策的原则、基本方向和任务，并给出了产业发展序列目录，涉及生产、基本建设、技术改造、对外贸易四个领域重点支持、严格限制及停止生产的产业和产品。进入 90 年代后，党的十四大报告和十四届三中全会通过的《中共中央关于建立社会主义市场经济体制若干问题的决定》对产业政策都提出了要求，遵照其精神，国务院于 1994 年 4 月 12 日颁布《90 年代国家产业政策纲要》，进一步明确了制定产业政策应遵循的原则，并给出 90 年代国家产业政策所要解决的重要问题，成为这一时期产业结构调整政策的总纲。据此在 90 年代中后期制定的产业政策大体上有两大类：一是目录类政策，包括产业指导目录和淘汰落后产能目录，如《当前国家重点鼓励发展的产业、产品和技术目录》；二是发展特定产业的专项政策，如《汽车工业产业政策》。通过这些政策的实施，基本上达到了加强基础工业和加快发展支柱产业的目的，夯实了工业基础。

第二阶段：促进产业升级（2000—2009）。进入 21 世纪后，随着内外经济环境的变化，大陆在产业结构调整上除延续之前的方式外，越来越重视发挥信息化和技术升级的作用。一方面，对原有的部分政策不断升级，比如于 2001 年、2004 年和 2007 年三次修订《当前优先发展的高技术产业化重点领域指南》。另一方面，根据新形势需要推出新政策，大体上沿着以下四个方向进行：一是强化目录指导，先后于 2000 年、2004 年和 2005 年发布《中西部地区外商投资优势产业目录》《政府核准的投资项目目录》和《产业结构调整指导目录》。二是强调产业优化升级，于 2005 年 12 月发布实施《促进产业结构调整暂行规定》，将产业结构调整的目标确定为：逐步形成农业为基础、高新技术产业为先导、基础产业和制造业为支撑、服务业全面发展的产业格局。三是抑制过剩产能。2006 年 3 月，国务院下发《关于加快推进产能过剩行业结构调整的通知》，指出产能明显过剩产业和潜在过剩问题。四是突出发展信息产业。2000 年 6 月，国务院印发《鼓励软件产业和集成电路产业发展的若干政策》，涉及投融资、税收、分配、产业技术、人才培养和出口等政策，旨在推动信息技术产业的发展，并带动传统产业改造和产品升级换代。此外，为应对金融危机的冲击，2009 年 1—3 月，大陆先后颁布实施汽车、钢铁、纺织、装备制造、造船、电子信息、石化、轻工、有色金属和物流十大重点产业调整与振兴规划，这些规划无一例外都强调产业升级。

第三阶段：培育新兴产业（2010年至今）。2008年全球金融危机爆发后，大陆产业政策在保持连续性的同时，开始将新的重点锁定在培育新兴产业上。一方面，继续对已有政策进行更新，体现在对《产业结构调整指导目录》《政府核准的投资项目目录》和《中西部地区外商投资优势产业目录》等政策的修订或修正上。另一方面，根据新形势的需要培育发展新产业，2010年10月颁布《国务院关于加快培育和发展战略性新兴产业的决定》，确定重点培育和发展节能环保、新一代信息技术、生物、高端装备制造、新能源、新材料、新能源汽车等产业。2012年7月，国务院进一步制定发布《"十二五"国家战略性新兴产业发展规划》，明确了战略性新兴产业的发展目标、重点方向和主要任务，并制定了20大工程。与此同时，相关部门先后制定《关于鼓励和引导民营企业发展战略性新兴产业的实施意见》《关于促进战略性新兴产业国际化发展的指导意见》《战略性新兴产业发展专项资金管理暂行办法》《战略性新兴产业重点产品和服务指导目录》等政策文件，以及《"十二五"生物技术产业发展规划》《新材料产业"十二五"发展规划》和《高端装备制造业"十二五"发展规划》等专项规划，形成了战略性新兴产业发展的政策支撑体系。

（2）台湾产业政策演变

台湾自20世纪60年代起开始通过实施产业政策促进经济发展，迄今为止其政策大体上也经历了三个阶段：

第一阶段：投资促进阶段（1960—1990），以"奖励投资条例"的实施和废止为标志。20世纪60年代台湾开始将推动工业化作为发展经济的重要战略，并将促进投资作为实施战略的重要手段。1960年8月30日，台湾"立法院"三读通过"奖励投资条例"（以下简称"奖投条例"），次年1月"行政院"依据条例要求制定发布了施行细则。"奖投条例"的主要内容包括税捐减免、工业用地取得及公营事业配合发展三部分，其中税捐减免最为重要，涉及奖励投资、储蓄、外销、研发、促进资本市场发展、节约能源、防治污染、工业区建设等方面。该条例原订实施至1970年12月31日，后经3次全文修正和12次个别条款修正、增订和删除，一直实施到1990年底。"奖投条例"实施的最后10年，台湾已经意识到产业升级的必要性并采取了一些措施，比如"行政院经济建设委员会"在1980年制定发布的"台湾经济建设十年计划"中，明确将机械、电机、电子、资讯、运输设备以及钢铁和石化工业作为加强发展的技术密集策略性工业。

第二阶段：产业升级阶段（1991—2009），以"产业升级条例"的实施和废止为标志。从20世纪80年代中期开始，新台币升值、工资及土地价格上涨等因素使台湾过去依赖成本优势所获得的国际竞争力逐渐丧失，也使得台湾当局认识到推动产业升级的重要性和紧迫性。1990年12月28日，台湾"立法院"三读通过"促进产业升级条例"（简称"产升条例"）；次年4月"行政院"制定发布了施行细则。"产升条例"的主要内容包括租税减免、开发基金设置及运用、技术辅导、工业区设置、创业投资辅导和鼓励设置营运总部等，旨在通过促进产业升级健全台湾经济发展。与"奖投条例"相比，"产升条例"虽延续减税政策，但减税的重点已从基本金属制造业、重机械工业和石油化学工业转变为引导新设备、新技术和新产业的发展，同时增加了开发基金设置、技术辅导、鼓励创业投资等方面的内容，台湾开始进入高科技工业发展时期。根据"产升条例"第19条第2项的要求，"经济部工业局"明确了新兴产业的范围，包括通讯、资讯、消费性电子、航太、医疗保健、污染防治、特用化学品与制药、半导体、高级材料、精密器械与自动化、生物技术、数位内容、再生能源及节约能源设备等产业。2002年，"经济部"制定"两兆双星"产业发展计划，进一步明确了新兴产业发展的主方向。

第三阶段：产业创新阶段（2010年至今），以"产业创新条例"的实施为标志。"产升条例"部分内容到期和2008全球性金融危机冲击双重背景下，台湾开始将引导鼓励创新作为产业政策的重点，以期通过促进创新改善产业环境和提升产业竞争力。2010年4月16日，台湾"立法院"三读通过"产业创新条例"（以下简称"产创条例"）。与此前的两大条例相比，"产创条例"大幅度削减了租税减免方面优惠措施，仅保留了研发支出方面的应纳盈利事业所得税优惠，并将可抵减支出金额从最高35%降为15%，可抵减年限从5年调整为当年；与此同时，增加了无形资产流通及运用、产业人才发展、产业永续发展环境等方面的内容，并强化运用补助、辅导等工具鼓励企业的创新活动。根据"产创条例"的要求，2011年5月9日，"行政院"颁布"产业发展纲领"；同年11月21日，"经济部"依据"产业发展纲领"制定"2020台湾产业发展策略"，提出了"传统产业全面升级""新兴产业加速推动""制造业服务化、服务业国际化、科技化"三大发展主轴，并明确2020年产业结构优化目标及产业发展策略。2012年10月2日，"经济部"核定"台湾产业结构优化——三业四化行动计划"，进一步明确"制造业服务化、服务业科技化及国际化、传统产业特色化"的产业结构优化策略及具体做法。与此同时，台湾当局还推出了一系列产业发展举措，包括在 2009 年推出生物科技、观光旅游、健康照护、绿色能源、精致农业和文化创意等六大新兴产业的发展方案；提出发展美食国际化、国际医疗、音乐及数位内容、会展产业、国际物流、高科技及创新产业筹资中心、都市更新、WiMAX 产业、华文电子商务和高等教育输出十大重点服务业。此外，"行政院"还在 2010 年提出并通过云端运算、智慧电动车、智慧建筑和发明专利产业化"四大新兴智慧型产业"相关推动方案，旨在为台湾产业发展带来转型契机，布局未来产业发展。

3. 作为公共产品提供者的政府

公共物品消费具有非排他性和非竞争性的特征。公共产品消费的非排他性是指一旦某公共产品被生产出来，就无法同时排除他人对这种产品的消费，要排除任何潜在消费者从这些产品上获益通常是困难的，一是在技术上不具有可行性，二是即使在技术上排除他人消费是可行的，但是由于成本费用极其昂贵，甚至在经济上远远超出了所得到的回报，致使排他也失去经济意义。消费的非竞争性是指某产品在增加一个消费者时，边际成本为零，即在公共产品数量一定的情况下，将其多分配给一个消费者的边际成本为零。

公共产品的上述特性使得理性的个体在享受公共产品所带来利益的同时不用必然付出成本，导致普遍性的免费"搭便车"行为，由此使得市场主体没有动力去提供公共物品，因公共物品短缺又会使得每一个相关个体的利益受损。也就是说，市场机制在公共物品供给上是无效的。

由于政府本身属于公共部门，依靠财政运作，因此政府部门的一项天然职能就是公共物品提供。而且，政府在解决公共物品所产生的问题方面有着重要的优势，政府具有强制公民对公共物品付费的权力。[①] 政府提供公共产品主要有两类基本方式，一是政府直接生产，二是政府间接生产。政府直接生产主要是通过政府部门的服务和通过政府控制的国有企业、社会事业单位来提供；政府的间接生产指政府利用预算安排、政策安排或合约等形式引导私人企业参与公共产品的生产。由于政府间接生产具有较低的劳动成本、较好的经营管理等特点，因此在新公共管理运动兴起后，西方国家普遍采用了政府的间接生产方式。

---

① ［美］斯蒂格利茨：《经济学》（第二版），梁小民、黄险峰译，中国人民大学出版社，2000年版，第 142 页。

（三）市场的一般功能

1. 资源配置功能

市场决定资源配置是市场经济的一般规律，而通过市场机制进行资源配置则是市场的最核心功能。按照经济学一般理论，市场机制主要包括价格机制、供求机制和竞争机制，在一定的市场形态下，价格、供求、竞争等市场基本要素相互制约、互为因果所形成的自动联结系统、运转形式和调节方式，是市场制度的核心内容。

市场经济的基本特征是以市场为基础手段来配置资源，我国在 1992 年 10 月召开的党的十四大就明确"市场在资源配置中起基础性作用"，2013 年 11 月党的十八届三中全会进一步提出"市场在资源配置中起决定性作用"。十八届三中全会把市场在资源配置中的作用从"基础性"变为"决定性"，体现出国家对强化市场资源配置功能的高度重视。

2. 信息传递功能

信息传递是市场的一个基本功能。它是指由于商品价值或供求关系的变化，引起商品价格的波动，同时通过价格波动向生产者和消费者传递出关于该商品稀缺状况的信息。市场传递信息，主要就是市场发出价格信号。因此，市场的信息传递功能也就是发挥价格允当信号的功能机制，为生产者、经营者和消费者的经济行为决策提供基本信息。

市场信息传递功能的关键作用，是尽可能以较低的成本、便捷的信息传输渠道和方式给交易双方提供尽可能全面、及时、准时的信息，以减少当事人同某种环境相联系时的不确定性，提高当事人从事经济活动的效率和效益。另外，市场信息传递的及时性、客观性和分散性，还会节省经济当事人在搜集、加工、整理和使用信息各环节的成本费用。

3. 激励约束功能

市场经济通过一系列制度安排，对市场参与主体的经济行为提供激励，比如通过产权制度、现代企业制度保护企业经营的合法利润，从而鼓励企业家进行投资、生产和创新等经济活动。与此同时，市场还对经济活动的参与者、决策者的经济行为具有约束作用。仍以企业为例，市场经济条件下企业需要自负盈亏，当投资、生产经营等活动出现失误给企业带来亏损，企业需要自行承担损失。

各种类型的市场都存在激励约束机制。资本市场对投资人的行为具有激励约束，产品市场对生产者、经营者和消费者的行为具有激励约束，人才市场对于各类人才就业及职业转换的激励约束，等等。在公司组织与外部相关市场之间，还存在着大量直接或间接的联系，来自产品和服务市场、职业经理人市场、资本市场和声誉机制等的市场力量，透过这些联系作用于公司组织和企业经营者身上，对经营者的行为产生激励与约束作用，诱导真实信息、刺激适当行为[①]。

二、京台现代服务业合作中的政府与市场关系的历史回顾

京台现代服务业合作中的政府与市场关系与改革开放以来大陆政府与市场关系的演变紧密相连。

（一）改革开放以来大陆政府与市场关系的演变

党的十一届三中全会以后，大陆摒弃了僵化的计划经济发展模式，开始了以市场为取向的经济体制改革。正确认识和处理政府与市场的关系是大陆经济体制改革的核心问题。从这个意义上讲，对政府与市场关系的认识过程，也就是大陆经济体制改革目标逐步确立、不断完善的过程。改革开放30多年来，党对政府与市场关系的认识经历了逐步深化、由量变到质变的复杂过程。改革开放后，大陆政府与市场关系状态的演变大体经历了如下几个阶段：

1. "计划经济为主、市场调节为辅"阶段

这个阶段从1978年召开十一届三中全会开始到1984年为止。其主要特点是：资源配置以政府的指令性计划和指导性计划为主，市场在计划发挥作用的领域之外对资源配置起辅助作用，计划与市场各自有自己发挥作用的板块，两者相互不融合；这个阶段政府制定的计划起主要调节作用，市场只起到补充调节作用。

2. "有计划的商品经济"阶段

这个阶段大致是从1984年开始到1992年为止。虽然在经济体制中确立了商品经济的地位，计划与市场处于相互全覆盖的融合状态，市场要接受政府计划的引导，然而政府对市场规律的客观性的认识还不足，对市场盲目性担忧过度，于是形成了政府引导市场、市场引导企业的运行机制，市场在资源配置过

---

① 王丹：《市场激励约束机制的作用机理探析》，《经济研究导刊》，2011年第7期，第40页。

程中依然处于次要地位。

3."市场起基础作用、政府起宏观调控作用"阶段

这个阶段大致从 1992 年到 2012 年。初步确立社会主义市场经济体制阶段。1992 年邓小平的南方讲话明确指出："计划多一点还是市场多一点，不是社会主义与资本主义的本质区别。计划经济不等于社会主义，资本主义也有计划；市场经济不等于资本主义，社会主义也有市场。计划和市场都是经济手段。"正是这一精辟论断，使我们对政府（计划）和市场关系的认识取得了重大突破。1992 年党的十四大明确提出："我国经济体制改革的目标是建立社会主义市场经济体制"，"就是要使市场在社会主义国家宏观调控下对资源配置起基础性作用"。

该阶段在资源配置过程中政府与市场的关系是市场起基础作用、政府起宏观调控作用。

4."市场起决定作用、更好发挥政府作用"阶段

这个阶段是从 2013 年召开的党的十八届三中全会开始至今，是我们正在实践中的政府与市场在配置资源中的关系状态。为了进一步解决经济发展对经济体制所提出的问题，党的十八届三中全会通过的《中共中央关于全面深化改革若干重大问题的决定》，提出经济体制改革是全面深化改革的重点，核心问题是处理好政府和市场的关系，使市场在资源配置中起决定性作用和更好发挥政府作用。这充分体现了理论认识在不断深化，对客观经济规律的把握在全面增强。

进一步处理好政府和市场关系，实际上就是要处理好在资源配置中市场起决定性作用还是政府起决定性作用这个问题。理论和实践都证明，市场配置资源是最有效率的形式。市场决定资源配置是市场经济的一般规律，市场经济本质上就是市场决定资源配置的经济。健全社会主义市场经济体制必须遵循这条规律，着力解决市场体系不完善、政府干预过多和监管不到位问题。做出"使市场在资源配置中起决定性作用"的定位，有利于在全党全社会树立关于政府和市场关系的正确观念，有利于转变经济发展方式，有利于转变政府职能。市场之所以成为最有效的资源配置方式，一是因为市场能够借助价格信号传递复杂的经济信息，引导生产者和消费者做出理性判断和选择，实现生产要素的优化配置；二是市场具有自发的激励功能，能够"让一切劳动、知识、技术、管理、资本的活力竞相迸发，让一切创造社会财富的源泉充分涌流"；三是市场能够充分动员各类生产要素，创造就业岗位，为劳动者提供增加收入的机会，让发展成果惠及全体人民；四是在竞争机制的作用下，市场通过优胜劣汰，鼓励不断创新，

促进效益的提升和结构的优化。使市场在资源配置中起决定性作用，就是要让价值规律、竞争规律和供求规律等市场经济基本规律在资源配置中发挥决定性作用。解除对生产力的一切束缚，让劳动、资本、知识等生产要素充分发挥其潜力，让所有创造社会财富的机会成为现实，让居民享受更多的发展成果。

十八届三中全会提出"使市场在资源配置中起决定性作用"和"更好发挥政府作用"，实现了我们党对市场经济规律性认识的又一次突破和升华。这一表述进一步厘清了政府与市场的关系，表明我们党对这一问题的认识达到了一个新的高度。一方面，这是对大陆社会主义市场经济内涵"质"的提升。从一开始逐步认识到市场只是配置资源的手段，提出要发挥市场的"重要"作用，到明确提出使市场在资源配置中起"基础性作用"，进一步明晰了市场的地位和作用，这个明显的进步对经济社会发展产生了巨大的推动作用。这一提法还是有一些不确定性，给在市场之上政府配置资源提供了空间，人们在政府与市场关系的认识上可能发生摇摆和分歧。十八届三中全会提出市场起"决定性作用"，这就表明其他力量虽然可以影响和引导资源配置，但决定者还是市场，因此基本经济制度、市场体系、政府职能等方面的改革，都要以此为基础。这一新的要求，抓住了大陆经济体制改革的深层次问题，有利于消弭长期以来人们在政府与市场关系上的认识分歧和实践误读，意义十分重大。

（二）京台现代服务业合作中的政府与市场关系的回顾

两岸经贸关系及产业合作是在特殊的政府与市场关系中逐步发展的。1949年国民党败退台湾，由于海峡两岸持续紧张的政治对峙和台海地区激烈的军事对抗，1949—1978年的30年间，海峡两岸之间的经贸往来基本处于停滞状态。1979年是两岸关系发展的新起点。由于祖国大陆实行"改革开放""和平统一"的基本国策，海峡两岸在政治、军事上的对立气氛开始逐渐缓和，在经济贸易上的间接接触活动也日益增多，两岸的经贸往来才逐步发展起来。

1.1979年以来两岸政治与经济互动历程

在两岸关系和平发展过程中，经济与政治密不可分"经中有政，政中有经"，经济合作每前进一步都离不开公权力的推动。回顾1979年以来两岸政经关系，大体分以下五个阶段。

第一阶段，1979—1992年。1979年元旦全国人大发布《告台湾同胞书》，确立"和平统一"方针；台湾于1987年解除"戒严令"，开放民众赴大陆探亲。

1992 年两岸贸易额 65.79 亿美元；台商实际投资大陆 10.5 亿美元。

第二阶段，1992—2000 年。在经济合作成效推动下"汪辜会谈"达成"九二共识"。大陆坚持深化改革、扩大开放方针。两岸经济合作化暗为明，全面推进。台商北上西进。2000 年，两岸贸易额 250 亿美元，台商实际投资累计 223.9 亿美元。

第三阶段，2000—2008 年。2000 年台湾实现第一次政党轮替，民进党执政，两岸两会协商中断，但由于两岸同期加入 WTO 和 2005 年国共达成"两岸和平发展共同愿景"，为经济合作带来生机。尽管受"台独"干扰，两岸经济合作一度出现波动，但在大陆大开放、大发展、大市场带动下，台商加快北上西进，经济合作持续扩大。2008 年两岸贸易额达 1292.2 亿美元，台商实际投资累计达 437.9 亿美元。

第四阶段，2008—2015 年。2008 年台湾实现第二次政党轮替，国民党重新执政，两岸坚持"九二共识"，两会恢复商谈。两岸全面"三通"。2010 年 6 月 ECFA 签署，"两岸经济合作委员会"成立，共完成 20 项协议签订。经济合作进入制度化轨道，合作领域扩大，速度加快。商务部台港澳司统计数据显示，2015 年，大陆与台湾贸易额为 1885.6 亿美元，占大陆对外贸易总额的 4.8%。其中，大陆对台湾出口为 449 亿美元，自台湾进口为 1436.6 亿美元。台湾是大陆第七大贸易伙伴和第六大进口来源地。截至 2015 年 12 月底，大陆累计批准台资项目 95298 个，实际使用台资 626.9 亿美元。按实际使用外资统计，台资占大陆累计实际吸收境外投资总额的 3.8%。

第五阶段，2016 年至今。2016 年 1 月 16 日台湾地区领导人选举民进党再度上台，岛内历史性地出现民进党"全面执政"的政治格局，给两岸经贸合作的维持与深化发展带来诸多新的不确定性，两岸经贸关系发展也进入了一个新的调整阶段。

2. 大陆惠台经贸政策

大陆惠台经贸政策泛指 2005 年以来，大陆在经济贸易领域实施的一系列让利于台湾的优惠政策。这些政策多借助于两岸经贸（文化）论坛、海峡论坛以及两会协商等平台公布，主要涉及对台产品采购、关税减免、台资企业融资等多个领域。大陆惠台经贸政策属于非市场化行为。

一是扩大对台产品采购。大陆对台产品采购始于 2006 年两岸经贸论坛 15 项惠台政策措施的发布。2006—2008 年间，大陆曾 4 次启动对台湾香蕉、柳橙等高产却滞销的水果进行紧急采购，极大缓解了台湾果农的销售困境。2009年6月首届海峡论坛上，大陆宣布将专门组织赴台湾采购水果、蔬菜等农产品采购团①，由此，大陆对台湾农产品采购由临时性救助措施发展到常态化贸易形式，由中介迂回操作转为直接入岛进行。除农产品外，目前大陆对台湾电子信息、机械、石化、纺织及深加工食品等产品的采购规模也不断扩大。

二是实施关税减免等对台贸易自由化、便利化举措。为帮助解决台湾农产品在大陆市场的销售问题，自2005年8月1日起，大陆陆续对台湾地区进口的菠萝等15种鲜水果、甘蓝等11种蔬菜和鲍鱼等8种水产品单方面免除进口关税。依据ECFA早期收获清单，自2013年1月1日起大陆对台湾539项产品全面实施零关税，其中农渔产品18项。优惠的关税减让为两岸贸易增添新的动能，产生了显著的经济效益。除关税优惠之外，海关总署、国家质检总局等部门也先后推行了一系列便利台湾农产品在大陆销售的政策措施，如台湾鲜活农产品在大陆运输可以享受"绿色通道"优惠，有效提高了台湾农产品通关入境效率，降低了台湾农产品的运销成本。

三是扶持台资企业发展。多年来，大陆始终关心、关注台资企业发展，积极为其创造良好环境。如在2009年首届海峡论坛上，大陆宣布"鼓励和支持有条件的台资企业拓展大陆市场并参与大陆扩大内需的基础设施和重大工程建设"②此后，上海、浙江等省市纷纷提出可开放台商参与的基础设施和重大工程建设项目，为台商参与大陆企业采购和重大工程建设提供支持和便利。再如"资金短缺、授信难、融资难"一直是困扰台企发展和转型升级的主要瓶颈。早在2005年，国家开发银行和国台办就联合公布了《台资企业国家开发银行贷款暂行办法》，对台资企业贷款的申请程序和评审办法以及贷款管理等做了具体规定。而在2011年第四届海峡论坛上，大陆宣布"工商银行、中国银行、建设银行以及国家开发银行将在未来3到4年内，对在大陆的台资企业再提供6000亿元人民币的贷款额度"。2016年3月通过的国家"十三五"规划中，也明确提及"支持台资企业转型升级，引导向中西部地区梯度转移"。

大陆惠台经贸政策旨在助力台湾经济和惠及台湾民众，表达对台湾人民的

---

① 《国务院宣布大陆八项惠台新政推动赴台投资采购》，《搜狐网》，网址：http://it.sohu.Com/20090518/ n264021181/shtml。

② 《第一届海峡论坛惠台政策发布情况》，《中国台湾网》，网址：http://www.taiwan.cn/hxlt/result/apple5_ 45043 /201405 /t20140526_ 6216429. htm。

善意，促进两岸经济交流与合作，推动两岸关系和平稳定发展。毋庸置疑，惠台经贸政策的实施产生了明显的经济效应，为台湾经济注入新的活力和动力，进而促进台湾经济的发展，在岛内得到较高的认同。但同时也应看到，岛内政党纷争、政策利益传递的多环节性以及政策设计和执行的不周全性等因素，也使得惠台经贸政策在台湾社会引起了一些负面反响，争取台湾民心民意的预期效果不尽如人意。未来惠台经贸政策的实施应以"构筑两岸经济共同体"为出发点。在实施方式上，应尽可能遵循市场规律，切实照顾两岸民众的长远利益，避免造成"好心办好事，却被污名化"的不良后果；在实施步骤上，应稳步推进，不能急功近利，要给岛内民众留有足够的理解和接纳的空间。

3. 北京市政府出台扶持台商的法规政策

为了更多地吸引外商、台商到大陆投资，各省市出台了一系列招商引资政策，扶持台商优惠政策，北京也不例外。1990年成立了北京市引进台资领导小组；1992年提出了尝试利用台资改造国营中小老旧亏损企业、有计划地开展组团招商活动、建立全市引进台资信息网络等十项措施[①]，从而带动了台商赴京投资的热潮。

1994年6月北京对台工作会议上，提出在国家统一的吸引境外资金政策的指导下，逐步适当地对台商放宽投资领域、投资数额和投资期限等方面的限制，对台商投资的领域、项目、方式等方面，采取"同等优先、适当放宽"的原则，给予适当照顾。1996年3月组建"北京台商投资服务中心"，为台商提供全面服务。"北京台商投资服务中心"隶属北京市台办，市政府给予一定授权，为台商提供投资咨询、投资代理、独资企业管理、企业产权交易、法律服务、人才举荐以及与台商投资的企业有关的各项服务工作。

1994年12月北京市政府颁布了《北京市鼓励台湾同胞投资的若干规定》，共30条。这个规定加强了北京市投资环境的改善和台商合法权益的保护，对鼓励台商来京投资起到了一定的推动作用，受到了广大台商的欢迎。为了进一步鼓励台湾同胞来京投资，根据市领导的指示精神，在原30条的基础上，参考其他省市的有关做法，收集了本市各方面引进外资的改进措施，经过反复征求各方意见，北京市于1997年颁布下发了《北京市鼓励台湾同胞投资的补充规定》（以下简称补充规定）。这项专门为台湾同胞来京投资制定的地方性法规共有20

---

① 陆珺珺：《北京向台商开放更多投资领域》，《台声杂志》，1994年第8期，第28页。

条，由三大部分组成。

《补充规定》体现了以下特点：一是对符合产业政策的投资项目给予了最大限度的政策倾斜，这主要集中在第 3 至第 9 条，对台湾同胞来京投资高新技术产业、现代农业、荒山和滩涂的开发、城市基础设施及企业改造方面进一步明确了鼓励和优惠政策。二是给在京投资台商以市民待遇，其中包括购房、医疗、子女入托就学、参观旅游和各种收费等。三是简化审批手续，提高办事效率。这主要反映在第 17 条至第 19 条。如第 19 条规定：任何部门和单位不得侵犯台湾同胞投资企业按照法律、法规和经审批机关批准的合同、章程享有的经营管理自主权。合资、合作企业中北京市投资方的上级主管部门不得以行政命令干涉企业的经营管理自主权。

2011 年关于《北京市鼓励台湾同胞投资的补充规定》实施细则，为进一步贯彻落实北京市人民政府京政发〔97〕29 号文关于《补充规定》精神，就《补充规定》中有关条款的实施细则做了如下规定：《补充规定》第三条，经市科委确认为高新技术企业，并颁发高新技术企业证书的台湾同胞投资企业，可享受本市《关于鼓励外商投资高新技术产业的若干规定》中规定的各项服务和优惠。

从以上的回顾可以看出，由于两岸关系的特殊性，大陆各级政府对于台资企业给予的政策优惠不同于外资企业，加上两岸同文同宗，台资企业与政府打交道的能力要高于外资企业。大陆对台资企业与大陆本地企业的管理是有所不同的，待遇有所差异，尽管在投资经营等诸多方面"类比外资"，但事实上，台商在大陆一直享有"同等优先、适当放宽"的特殊政策与"超国民待遇"，在土地、税收等方面有特别的优惠，连大陆内资企业也不能享有。

三、京台现代服务业合作中政府与市场关系的初步探讨

结合政府与市场关系的一般理论、改革开放以来中国大陆对政府与市场关系认识演变与实践做法，以及京台经贸发展及产业合作中政府与市场关系的实践，对京台现代服务业合作中的政府与市场关系进行初步探讨。

（一）政府作用探讨

一般中央政府与地方政府会通过法律机制、产业政策、信贷活动以及提供公共服务等影响产业的发展与合作。产业之间的互动伴有大量的物资、信息、

人力资源等要素的流动，产业博弈与合作需要诸如基础设施、基础教育等投资规模巨大、周期长、运营成本高、回收难度大的公共产品支持，而公共产品不能或不便由市场自动提供，因此多需要政府利用各种预算安排和制度安排直接生产（如国防、基本秩序）或引导企业参与生产公共产品（如高新技术研究），并利用多种政策工具（如税收、补贴等）调整公共物品在不同领域的分配，进而促进产业要素资源的合理配置。

在区域产业竞合中，政府通过法律机制、补贴政策及公共服务提供等刺激或抑制区域内的产业关系、区域间的产业博弈。产业竞合需要相对稳定的市场经济环境，合理全面的法律、法规、政策体系是形成良好市场秩序的必要条件，也只有政府能站在全局立场提供这种公共秩序体系，特别是区域经济相互渗透情况下，保障各区域间制度、政策运行过程中的互动与互认是更高层次的任务，也是保障产业竞合出现的前提条件。[1]

具体到京台现代服务业合作，政府应该至少在以下几个方面积极发挥作用：

1. 政策松绑与扶持推动

与制造业相比，两岸在服务业领域的合作起步较晚，规模较小，真正意义上的发展是在 2008 年尤其是 2010 年之后。以台商对大陆及北京的服务业投资为例，从 1991 年到 2009 年，台湾核准台商对大陆服务业投资金额累计为 89.79 亿美元，2010 年至 2015 年，台湾核准台商对大陆服务业投资金额累计为 247.0 亿美元，后 6 年间为前 19 年间的 2.75 倍；从 1991 年到 2009 年，台湾核准台商对北京市服务业投资金额为 5.94 亿美元，2010 年至 2015 年，台湾核准台商对北京服务业投资金额累计为 19.91 亿美元，后 6 年间为前 19 年间的 3.35 倍。

两岸及京台服务业在 2010 年之前合作发展进展较慢，主要与政策性障碍有关，双方在绝大多数的服务业领域都未相互开放。2010 年两岸 ECFA 签订后，在 ECFA 框架下，两岸两会在 2013 年 6 月签署了《海峡两岸服务贸易协议》，彼此开放承诺共 144 条，涉及 100 多个服务行业，涵盖了商业、通讯、建筑、分销、环境、健康和社会、旅游、娱乐文化和体育、运输、金融等。其中，大陆对台开放承诺 80 条（包含非金融领域开放承诺 65 条，金融领域 15 条），台湾方面开放承诺 64 条。

尽管因台湾方面因素《海峡两岸服务贸易协议》迄今为止都未生效，但该

---

① 曹阳：《区域产业分工与合作模式研究》，吉林大学 2008 年博士学位论文，第 203—212 页。

协议所体现的实质是政府通过政策松绑推动两岸服务业合作发展，这一方向无疑仍是有利于增加两岸民众切身利益的。国家"十三五"规划中明确"促进两岸经济融合发展"，扩大对台湾服务业开放是其中的组成部分。这清晰表明，尽管台湾方面出现不利于深化两岸经济合作的诸多因素，但大陆推进两岸经济合作向更深入发展的决心没有动摇，深化两岸服务业合作的方向也并未改变。

在岛内非经济因素干扰可能导致两岸经贸关系倒退新形势下，更需要地方层面的创新举措推动两岸产业合作的全面深化，北京市在与台湾现代服务业合作方面具有不可替代的优势，应积极以深化京台两地现代服务业合作为载体，承担起促进两岸经济融合发展的责任。这在客观上要求政府相关部门继续出台政策措施放宽台资进入门槛，甚至可以考虑单方面对台资实行服贸协议中的部分内容，允许鼓励台资企业进入更多的服务业领域，以此继续以台商为纽带加快推动两地现代服务业合作。

2. 平台搭建与载体建设

2008 年两岸两会恢复协商之后，两岸在开展纯市场化合作的同时，也通过官方或有官方背景的机构搭建了交流合作新平台，形成了制度化的合作机制。主要的平台有 4 个：一是"搭桥专案"。该专案自 2008 年年底启动，以"一产业一平台"的模式为两岸产业、企业的直接对接提供了平台。截至 2015 年年底，两岸共同办理了包括通讯、车辆、LED 照明、电子商务、显示、生技与医疗器材、中草药等 19 个产业在内的 69 场次的搭桥会议，吸引超过 2.3 万人参加，共促成 1844 家企业进行合作洽谈。二是两岸产业合作工作小组。在 ECFA 框架下两岸组织建立了"两岸经济合作委员会"（简称经合会），并在经合会下建立了产业合作工作小组，具体包括汽车、无线城市、冷链物流、显示、LED 照明、纺织、医药、电子商务等 8 个产业分组，推进试点项目和重大项目合作。三是两岸产业合作论坛。依据海协会与海基会《关于加强两岸产业合作的共同意见》，两岸产业合作论坛每年在两岸轮流举办，2011 年至 2015 年成功举办了五届论坛。大陆固定在江苏昆山举办，台湾分别在新竹和台中举办了第二届和第四届论坛。四是海峡两岸企业家紫金山峰会。这是两岸首个以企业家为主体、聚焦两岸产业合作的机制化论坛，也是继两岸经贸文化论坛、两会商谈、海峡论坛之后两岸间第四个高端对话平台，目前已经举办了 8 次峰会，峰会两岸理事会分别下设宏观经济、能源石化装备、金融、信息家电、成长型企业和中小企业、生物科技与健康照护、文化创意等 7 个两岸产业合作推进小组。

推动京台两地产业合作方面，北京市也搭建了一些平台，目前京台之间已经连续举办了十九届京台科技论坛，双方交流领域已经涵盖智慧城市、汽车电子、云计算、智能可穿戴设备、信息消费、生技医材、金融、文创、生态创意农业、智能交通、建筑科技、智能机器人等领域。新近的第十九届论坛以"共享新机遇、合作为未来"为主题，聚焦高新科技、产业合作、创新创业、京津冀协同发展四大板块，活动包括金融合作、建筑科技、互联网＋、人才发展、智慧型机器人产业、云计算、农业合作、社区医疗等10场专题论坛和两个专场活动。[①] 该平台为两地深化高科技制造业和现代服务业合作奠定了良好的基础，下一步，还应进一步发挥政府在搭建合作平台方面的作用，同时直接或间接提供合作载体。

3. 提供各项公共服务

提供公共服务是现代服务型政府的核心职能，在促进产业合作方面，也需要政府提供相关的各项公共服务。北京市在推动京台现代服务业合作过程中，应重点为台商投资，台籍人员就业，台籍人员的社会保障、医疗、子女入学提供优质的公共服务，促使台湾现代服务业企业在北京扎根发展。比如，在北京·台湾在线网站开通京台现代服务业合作直通车栏目，提供包括两地现代服务业发展政策、动态、项目对接信息等一系列公共服务，为两地现代服务业合作提供专业化、综合性的服务。

（二）市场作用探讨

市场是京台现代服务业合作的主导力量，其功能作用主要包括需求侧对合作的拉动、供给侧对合作的推动，以及合作自身产生的产业聚集效应。

1. 市场需求诱发合作

市场需求是决定京台现代服务业合作的最重要因素。在现代经济中，作为经济增长的三驾马车之一，消费需求对经济发展及产业合作的影响更是至关重要。表3.1显示，"十二五"期间，大陆及北京市的消费市场仍保持了快速增长，大陆社会消费品零售总额从2010年的15.70万亿元增加到2015年的30.09万亿元，每年均为2位数的增长，年均增长13.9%；北京市社会消费品零售总额从2010年的10919亿元增加到19308亿元，年均增长10.67%。

---

① 赵博、李凯：《第十九届京台科技论坛聚焦"共享新机遇"》，新华社，2016年11月9日，参见 http://news.xinhuanet.com/2016-11/09/c_1119882690.htm?from=timeline&isappinstalled=0。

表 3.1　2010-2015 年大陆及北京市消费需求情况

项目	2010	2011	2012	2013	2014	2015
全国社会零售品总额（亿元）	156998.4	183918.6	210307.0	242842.8	271896.1	300930.8
增长率（%）	—	17.15	14.35	15.47	11.96	10.68
北京市社会零售品总额（亿元）	10919	13134	14699	16190	17778	19308
增长率（%）	—	20.29	11.92	10.15	9.81	8.61
全国居民消费水平（元）	6229.3	6900.3	7702.8	8872.1	9638.0	10338.0
增长率（%）	—	10.77	11.63	15.18	8.63	7.26
北京市居民消费水平（元）	24982	27760	30350	33938	36075	39200
增长率（%）	—	11.12	9.33	11.82	6.30	8.66

数据来源：相关年份《中国统计年鉴》和《北京市统计年鉴》。

从居民消费水平看，2010 年到 2015 年，全国居民消费水平从 6229.3 元增加到 10338.0 元，年均增长 12.08%；北京市居民消费水平从 24982 元增加到 39200 元，年均增长 9.43%。显然，大陆及北京市的消费市场仍然需求强劲，这为两岸及京台的现代服务业合作提供了庞大的市场需求。

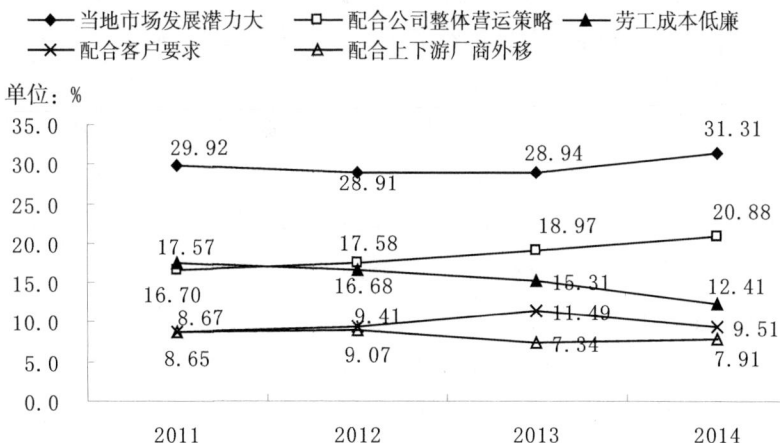

图 3.1　台商到大陆投资的主要动机

资料来源：根据"中华经济研究院"2012 至 2015 年编撰的"对外投资事业运营情况调查分析报告"中的相关信息绘制。

当前，大陆的市场优势已经成为两岸产业合作中对台商最具有吸引力的优势（见图3.1），未来随着大陆及北京市市场规模的进一步发展壮大，将诱发更多的产业合作。

2. 技术进步推动合作

现代市场经济中，技术与资本、劳动力、管理等共同组成了基本的生产要素，技术水平高低往往影响甚至决定一个产业的竞争力。在国际市场竞争中，谁能在新技术上拥有明显优势，就能赢得制定新标准的话语权，拥有整合相关资源和市场的能力。

新技术以及伴随其出现的新产业、新业态，能够为合作方提供更为广阔的市场空间，也给合作方带来更高的合作收益预期，由此带来更多的合作发展机会。对于京台现代服务业合作而言，当前蓬勃兴起的以云计算、大数据、物联网为代表的新一代信息技术的发展将对合作产生深远影响，带动两地在互联网金融、现代信息服务业、电子商务等诸多领域的合作。

3. 产业的集聚与扩散效应

产业集聚是现代经济发展中的重要经济现象，这主要与某一产业在特定空间的集中对该产业成长或该区域经济增长所产生的促进作用有关。理论上讲，对于在特定区域集聚发展的产业而言，只要存在规模经济，增加产量将会带来成本的下降和利润的上升，业内企业就有足够的动力去扩大生产规模，从而促进该产业成长以及该产业集聚区的经济增长，这反过来又会强化产业集聚。其他条件不变的前提下，这种"集聚—增长—强化集聚—维持增长……"的过程将会一直延续下去，直至规模经济消失。现实中，随着某一产业在特定空间集聚程度的加深，区域内企业面临诸如土地空间和环境承载能力约束以及各种生产要素价格的过快上涨等问题，对该产业或该区域发展所产生的制约作用，也即是产业集聚也会产生"拥挤效应"，倒逼该产业从高度集聚到分散化发展。

以金融、信息服务为代表的现代服务业在北京市高度集聚，这对京台现代服务业合作是一种带动。在进一步推动京台现代服务业合作中，既要利用好集聚效应带来的有利因素，也要重视避免过度集聚带来的"拥挤效应"，通过合作层次的不断提升带动产业优化升级，促进两地经济的可持续发展。

第四章　京台金融业合作

金融业是北京市第一支柱产业，是京台现代服务业合作的最主要行业，也是未来深化合作的重点领域。金融业还是受政策严格监管的特殊行业，其发展在很大程度上受到政策性因素影响。促进京台两地金融业发展及合作中，政府与市场的角色都不可或缺，两者的关系也在动态发展中优化调整。

一、京台金融业发展比较

（一）北京金融业发展现状

1. 总体发展情况

近年来，北京金融业发展迅猛，在全市"高精尖"经济结构中占据支柱地位。根据北京市统计局数据（见表4.1），2005年到2015年，北京市金融业增加值从840.2亿元增加到3926.3亿元，年均增长16.67%；占北京市地区生产总值比重从12.06%上升至17.06%，稳居第一大行业地位。从金融业对地区生产总值增长的贡献率看，2013年以来金融业贡献率都在20%以上，尤其是2015年高达33.77%，明显高于同年金融业增加值占地区生产总值的比重，表明金融业发展明显快于整体经济，对北京市经济增长起引领作用。

表4.1　2004–2015年北京市金融业增加值增长情况

年份	金融业增加值（亿元）	地区生产总值（亿元）	金融业增加值占地区生产总值比重（%）	金融业增长对地区生产总值增长贡献率（%）
2005	840.2	6969.5	12.06	13.50
2006	982.4	8117.8	12.10	12.38
2007	1302.8	9846.8	13.23	18.53

续表

2008	1519.2	11115.0	13.67	17.06
2009	1603.6	12153.0	13.20	8.13
2010	1863.6	14113.6	13.20	13.26
2011	2215.4	16251.9	13.63	16.45
2012	2536.9	17879.4	14.19	19.75
2013	2943.1	19800.8	14.86	21.14
2014	3357.7	21330.8	15.74	27.10
2015	3926.3	23014.6	17.06	33.77

数据来源：相应年份《北京市统计年鉴》。

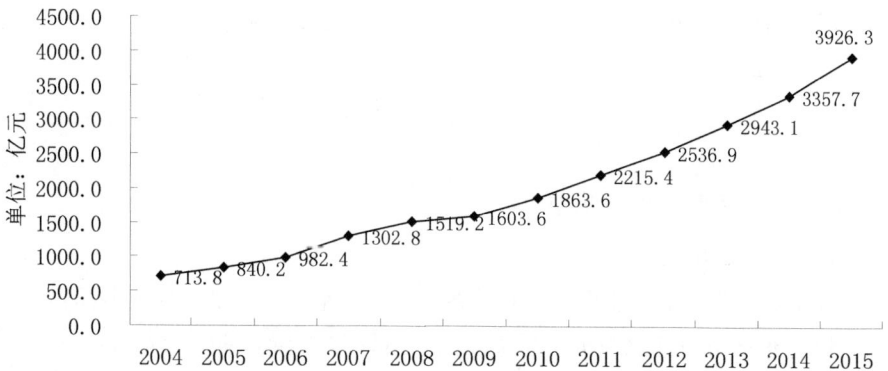

图 4.1　2004-2015 年北京市金融业增加值增长情况

2.各细分行业发展情况

（1）银行业的发展

进入 21 世纪以来，北京市银行业金融机构快速发展，业务规模迅速扩大，到 2010 年金融机构存贷款余额突破 10 万亿元，2014 年进一步突破 15 万亿元。表 4.2 显示，2001 年到 2015 年间，北京市金融机构存款额从 14109.2 亿元增加至 128573.0 亿元，年均增长 17.10%。其中中资金融机构存款额从 14042.1 亿元增加至 126164.8 亿元，年均增长 16.98%；外资银行存款额从 67.1 亿元增加至 2461.0 亿元，年均增长 29.34%。同一时期，北京市金融机构贷款额从 7612.2 亿元增加至 58559.4 亿元，年均增长 15.69%。其中中资金融机构贷款额从 7514.9 亿元增加至 57281.2 亿元，年均增长 15.61%；外资银行贷款额从 97.3 亿元增加至 1994.3 亿元，年均增长 24.08%。

表 4.2　2001–2015 年北京市金融机构（含外资）存贷款余额

年份	金融机构存款（亿元）			金融机构贷款（亿元）		
	金融机构合计	中资金融机构	外资银行	金融机构合计	中资金融机构	外资银行
2001	14109.2	14042.1	67.1	7612.2	7514.9	97.3
2002	17438.4	17369.9	68.5	9704.3	9602.6	101.7
2003	20476.0	20398.2	77.8	12057.7	11884.4	173.3
2004	23781.3	23679.3	102	13577.7	13312.3	265.4
2005	28969.9	28800.9	169	15335.5	14996.6	338.9
2006	33793.3	33484.1	309.2	18131.6	17631.7	499.9
2007	37700.3	37087.5	612.8	19861.5	19053.9	807.5
2008	43980.7	43094.4	886.3	23010.7	22160.5	850.2

表 4.2　2001–2015 年北京市金融机构（含外资）存贷款余额（续表）

年份	金融机构存款（亿元）			金融机构贷款（亿元）		
	金融机构合计	中资金融机构	外资银行	金融机构合计	中资金融机构	外资银行
2009	56960.1	55804.8	1155.3	31052.9	30151.6	901.3
2010	66584.6	64897.6	1687.0	36479.6	35352.0	1127.6
2011	75001.9	73018.9	1983.1	39660.5	38410.3	1250.2
2012	84837.3	82615.9	2221.4	43189.5	41839.8	1349.7
2013	91660.5	89187.4	2473.1	47880.9	46539.5	1341.4
2014	100095.5	97645.9	2449.6	53650.6	52254.3	1396.2
2015	128573.0	126164.8	2461.0	58559.4	57281.2	1994.3

数据来源：中国人民银行营业管理部，参见《北京统计年鉴 2016》。

　　进一步从银行系统机构数及从业人员数看，表 4.3 显示，"十二五"时期北京市银行系统机构数从 2011 年的 2935 家增加到 2015 年的 4206 家，年均增长 9.41%；从业人数从 15.14 万人增加到 2015 年的 19.07 万人，年均增长

5.93%。从区域布局看，北京市金融业主要集中在首都功能核心区和城市功能拓展区，核心区大体上集中了半数的从业人员，拓展区则大体上集中了半数的银行机构。

表4.3　2011–2015年北京市银行系统机构数及从业人员数

年份/项目		全市	首都功能核心区	城市功能拓展区	城市发展新区	生态涵养发展区
2011	机构（个）	2935	—	—	—	—
	人员（人）	151398	—	—	—	—
2012	机构（个）	3437	—	—	—	—
	人员（人）	161279	—	—	—	—
2013	机构（个）	3897	729	1935	826	407
	人员（人）	169305	91151	57487	14775	5892
2014	机构（个）	4018	731	2052	839	396
	人员（人）	189776	97330	72933	14003	5510
2015	机构（个）	4206	752	2171	887	396
	人员（人）	190652	94866	75668	14570	5548

数据来源：《北京统计年鉴2016》。

备注：数据包括在北京地区经营的银行的总行、分行及所属分支机构。

（2）保险业的发展

同银行业相似，进入21世纪以来，北京市保险行业业务同样快速发展。表4.4显示，2001年到2015年间，北京市保险业原保费保险收入从141.3亿元增加至1403.9亿元，年均增长17.82%；保费支出从32亿元增加至506.6亿元，年均增长21.81%。2015年全市原保险保费收入1403.9亿元，其中人身险1059.2亿元，财产险344.7亿元；全市保费支出506.6亿元，其中人身险300亿元，财产险206.6亿元。

表 4.4 北京市保险业务发展情况（2001–2015 年）

年份	原保险保费收入（亿元）	人身险（亿元）	财产险（亿元）	保费支出（亿元）	人身险（亿元）	财产险（亿元）
2001	141.3	—	—	32.0	—	—
2002	234.1	—	—	46.9	—	—
2003	282.5	—	—	48.0	—	—
2004	279.3	—	—	55.3	—	—
2005	498.2	—	—	75.4	—	—
2006	411.5	327.2	84.4	84.0	45.1	38.9
2007	498.1	386.3	111.8	135.4	85.7	49.7
2008	585.9	451.8	134.1	188.9	121.0	67.9
2009	697.6	533.2	164.4	196.0	110.6	85.4
2010	966.5	754.2	212.3	199.7	105.9	93.7
2011	820.9	588.4	232.6	232.8	113.8	119.0
2012	923.1	656.1	267.0	286.2	133.9	152.3
2013	994.4	706.4	288.0	318.2	152.9	165.3
2014	1207.2	892.5	314.8	407.2	224.6	182.7
2015	1403.9	1059.2	344.7	506.6	300.0	206.6

数据来源：中国保险监督管理委员会北京监管局，参见《北京统计年鉴 2016》，"—"表示无法获取数据。

表 4.5 2011–2015 年北京市保险系统机构数及从业人员数

年份／项目		全市	首都功能核心区	城市功能拓展区	城市发展新区	生态涵养发展区
2011	机构（个）	547	—	—	—	—
	人员（人）	97024	—	—	—	—
2012	机构（个）	602	—	—	—	—
	人员（人）	111884	—	—	—	—
2013	机构（个）	655	160	235	167	93
	人员（人）	104606	38602	41466	15077	946

2014	机构（个）	645	170	214	179	82
	人员（人）	119954	41996	53858	17458	6642
2015	机构（个）	664	164	224	187	89
	人员（人）	143923	49605	60541	23968	9809

数据来源：对应年度的《北京统计年鉴》。

备注：数据包括在北京地区经营的保险公司的总公司、分公司及所属分支机构；人员包括保险营销人员。

进一步从保险系统机构数及从业人员数看，表4.5显示，"十二五"时期北京市保险系统机构数从2011年的547家增加到2015年的664家，年均增长4.97%；从业人数从9.70万人增加到2015年的14.39万人，年均增长10.36%。从区域布局看，北京市保险业主要集中在城市功能拓展区，大体上集中了三分之一的保险机构和4成以上的从业人员。

（3）证券业的发展

与银行和保险业相比，北京市证券行业的发展更是突飞猛进。表4.6显示，2001年到2015年间，北京市证券市场交易额从12596.5亿元增加至597169.7亿元，年均增长31.74%。其中，股票交易额从5339.6亿元增加至305252.9亿元，年均增长39.92%，成为全市证券市场交易的主体；基金交易额从400.6亿元增加至24054.2亿元，年均增长62.87%，引领全市证券业的增长；债券交易额从6729.7亿元增加至182495亿元，年均增长26.58%。全市年末证券市场累计资金账户开户数从149万人增加至758.8万户，年均增长16.67%。

表4.6 北京市证券市场交易额情况（2001-2015年）

年份	证券市场交易额（亿元）	股票交易（亿元）	基金交易（亿元）	债券交易（亿元）	年末证券市场累计资金账户开户数（万户）
2001	12596.5	5339.6	400.6	6729.7	149.0
2002	12565.9	3788.2	485.8	8216.5	155.0
2003	23369.8	5041.4	110.5	18048.4	162.4
2004	18512.9	7247.7	78.9	10928.9	166.2
2005	9322.5	4343.7	91.3	4567.3	169.8

2006	19557.1	14851.5	298.3	2075.2	189.4
2007	97978.7	77487.8	1535.0	2060.1	314.9
2008	62773.6	46231.3	1389.4	4052.1	373.6
2009	92148.0	78339.5	2253.5	1791.3	426.1
2010	87575.4	79843.1	1714.9	3384.3	475.1
2011	79103.1	61743.2	1494.8	15275.3	521.5
2012	85412.9	44993.4	2355.9	37388.6	551.5
2013	145932.7	61596.3	4104.8	69625.4	563.6
2014	232318.6	85714.5	7311.7	110657.5	587.5
2015	597169.7	305252.9	24054.2	182495.0	758.8

数据来源:《北京统计年鉴 2016》。

3.北京金融业发展的优劣势

（1）优势

一是区位优势。北京与天津相邻，并与天津一起被河北省环绕并与京津唐和京津保一起构成了全球最大的首都经济圈之一，同时也是大陆目前最具发展潜力的三大经济中心之一的环渤海经济圈的中心城市。北京是国家金融决策中心、金融管理中心、金融信息中心和金融服务中心。通过建立全方位的政策支持体系、多层次的金融市场体系、多样化的金融组织体系、立体化的金融服务体系，不断提升首都金融业的创新力、集聚力、贡献力和辐射力，将北京建设成为具有国际影响力的金融中心城市。

二是金融资源优势。北京作为首都，以金融决策和银行中心为主要特色，是大陆的金融决策中心和监管中心，集中了大陆 50% 至 60% 的金融资产，是大陆金融中心和信息发布中心。金融街金融机构总额占全国 60%，控制着大陆 90% 以上的信贷资金。北京金融"一主一副三新四后台"的空间布局逐步形成。北京未来的金融业将以金融街作为主中心区，以 CBD 作为副中心区；中关村新区、东二环交通商务区和丽泽商务区三个区域，将分别规划为新兴科技金融功能区、新兴产业金融功能区和新兴金融功能区；海淀稻香湖、朝阳金盏、通州新城、西城德胜四个金融后台服务区已全面启动，从而形成"一主一副三新四后台"的金融业空间布局规划。这些是大陆其他地方所没有的优势，自然会受到台商的关注。

在金融机构方面，北京拥有"一行三会"等金融政策决策中心，各大银行（四大国有银行、三家政策性银行以及众多股份制银行）、证券（银河、中信建投、信达、民生、民族等）和保险机构（中国人寿、中国人民财产保险、新华人寿、泰康人寿、华泰财险等）云集北京，与此同时，众多银行、保险以及投资银行这样的外资金融机构也对北京情有独钟，选择把自己的总部驻扎于此。在数量上，截至 2014 年，北京法人金融机构超过 650 家，稳居全国首位。其次，不难发现，北京几乎囊括了所有"中"字头的央企的总部和管理机构，这里就包括通讯三巨头——中国移动、中国联通和中国电信，能源三巨头——中石油、中石化和中海油以及中远和华能等大型央企。这些大型央企的资产总额占到了大陆所有央企的 60% 以上，它们所带动的资金流对整个经济体系的运转至关重要。金融街更是聚集着全国 65% 以上的金融资产。[①]

2015 年 6 月，国务院印发《关于北京市服务业扩大开放综合试点总体方案的批复》，同意在北京市开展服务业扩大开放综合试点。北京服务业扩大开放试点方案提出，经过三年试点，形成与国际接轨的北京市服务业扩大开放新格局，积累在全国可复制可推广的经验，使服务业扩大开放综合试点成为国家全方位主动开放的重要实践。在金融服务领域，支持符合条件的民间资本和外资进入金融服务领域。优化金融机构股权结构，在符合相关法规的条件下，便利外资金融机构设立外资银行、民营资本与外资金融机构共同设立中外合资银行，使外资金融机构和民营资本在平等的市场环境下提供金融服务和参与市场竞争。方案不仅鼓励资本的"引进来"，还支持资本"走出去"，同时，提出了深化对外投资管理体制改革、优化配套支撑体系等政策层面的保障措施。

三是金融高度集聚优势。北京市金融业在位于西城区的金融街和朝阳区的商务中心区的带动下，正形成"一主一副三新四后台"的金融产业布局，产业发展的梯度效应和集聚效应逐步显现。在 1568 家金融法人中，金融机构主要集中在东城、西城、朝阳、海淀四区，共 1274 家，占全部的 81.3%。具体来看，朝阳区 439 家，占比 28%；西城区 348 家，占比 22%；海淀区 291 家，占比 19%；东城区 193 家，占比 12%；其他区县 294 家，共占比 19%。

---

① 刘妍:《京津金融一体化发展研究》，首都经济贸易大学，2014 年，第 42 页。

（2）劣势

金融交易市场不够完善。虽然近年来，在地方政府和国家相关机构的共同努力下，北京建立了多个金融和商品交易所，但是缺少多层次、大规模的金融交易场所。众所周知，北京至今没有一家全国性交易中心（如证券交易所、期货交易所等），这严重制约了北京的金融体系发挥其交易功能，而且缺乏较为完善的金融市场体系也常常受到专家的诟病，金融市场的功能受到了极大的限制。虽然已推出了新三板，在 2014 年新三板推向全国的第一年，增加了 1200 家企业，2014 年 12 月 31 日，新三板挂牌企业 1572 家，截至 2015 年 12 月 31 日，新三板挂牌企业达到了 5129 家，[①] 增速比较快，但与北京要成为世界金融中心的发展目标仍不相称。而从国际经验（伦敦、纽约等国际金融中心）来看，具备完善的交易功能，是一个城市或者区域想要发展成为国际金融中心首先要达到的。

金融机构数量依然不多，且国际化程度较低。多年来，北京市政府不断优化金融环境，对金融机构落户给予优惠，吸引了相当数量的法人机构进驻，但这一数量在全球范围内来看则显得并不丰厚。而且，北京金融机构的国际化程度也相对较低，目前主要国际金融机构只有部分在北京设立中国区总部，金融业务也较狭窄。

自贸区试点推广对北京金融业发展将形成一定冲击。继上海自贸区挂牌之后，天津滨海、福建平潭、广东横琴、四川成都、安徽合肥、宁夏银川、辽宁沈阳等多地轮番申请自贸区试点。目前，天津滨海、福建平潭、广东横琴已经成为第二批自贸区试点。围绕人民币资本项目可兑换、利率市场化、人民币跨境使用等方面的金融改革将加快在自贸区试点开展，这将对北京市金融发展形成一定冲击，一方面加剧与北京金融发展相关的国际资源、国内资源的竞争，分流部分首都金融资源，同时也将进一步拉大北京市租赁金融等非传统金融领域、离岸金融等与上海等地的差距。

表 4.7　2002-2015 年台湾金融业发展总体情况（单位：新台币亿元，%）

年份	GDP	金融服务业增加值				金融服务业增加值占 GDP 比重			
		合计	金融中介业	保险业	证券期货及其他	合计	金融中介业	保险业	证券期货及其他
2002	106,809	8,369	6,022	1,616	731	7.86	5.65	1.52	0.69

① 何佳艳：《新三板改变投资生态》，《投资北京》，2016 第 2 期，第 51 页。

2003	109,659	8,136	5,716	1,705	715	7.37	5.18	1.55	0.65
2004	116,496	8,660	5,971	1,803	886	7.39	5.10	1.54	0.76
2005	120,923	9,080	6,397	1,933	750	7.48	5.27	1.59	0.62
2006	126,408	9,017	5,954	2,076	987	7.13	4.71	1.64	0.78
2007	134,071	9,435	5,894	2,250	1,292	7.13	4.45	1.70	0.98
2008	131,510	9,128	5,834	2,188	1,106	7.01	4.48	1.68	0.85
2009	129,617	7,976	4,774	2,118	1,084	6.23	3.73	1.65	0.85
2010	141,192	8,717	5,375	2,202	1,140	6.19	3.82	1.56	0.81
2011	143,122	9,150	5,684	2,380	1,086	6.39	3.97	1.66	0.76
2012	146,869	9,329	5,925	2,499	904	6.42	4.08	1.72	0.62
2013	152,307	9,725	6,261	2,544	920	6.41	4.13	1.68	0.61
2014	161,119	10,527	6,768	2,726	1,033	6.53	4.20	1.69	0.64
2015	167,590	10,933	7,039	2,862	1,033	6.56	4.22	1.72	0.62

数据来源：台湾地区"金融监督管理委员会银行局"网站。

（二）台湾金融业发展现状

1.总体发展情况

台湾金融业起步较早，发展较为成熟，但受岛内市场空间狭小限制，过去10多年总体上发展较为缓慢，服务业增加值占地区生产总值比重有所下降。表4.7显示，2002年到2015年，台湾金融服务业增加值从新台币8369亿元增加至10933亿元，年均仅增长2.08%。其中，金融中介业增加值从新台币6022亿元增加到7039亿元，年均增长1.21%；保险业增加值从新台币1616亿元增加到2862亿元，年均增长4.49%；证券期货及其他金融业增加值从新台币731亿元增加到1033亿元，年均增长2.70%。从金融服务业占GDP比重看，从2002年的7.86%下降到2010年的6.19%；2011年起略有回升，到2015年为6.56%。

2.各细分行业发展情况

（1）银行业的发展

表4.8和表4.9显示，作为台湾银行业主体的本土银行总机构数在2002年

以来有所减少，从 52 家降至 37 家，后又增加 2 家到目前的 39 家；分支机构数总体上有所上升，从 2002 年的 3086 家上升至 2015 年的 3442 家；从业人员数也有所上升，从 2002 年的 119388 人增加到 2015 年的 145245 人。综合来看，2002 年，台湾本土银行每家总部平均拥有分支机构 59 家，平均拥有员工 2296 人；到 2015 年，这两个数字分别上升至 88 家和 3724 人，分别较 2002 年的水平提升 49.2% 和 62.2%。本土银行业金融机构总部数量减少的同时，分支机构和从业人员的总数及平均数都在上升，表明台湾银行业发展正处于洗牌整合期。

表 4.8（a） 2002—2015 年台湾金融机构总机构家数（单位：家）

年份	台湾本土银行	外国及大陆银行在台分行	信用合作社	农会信用部	渔会信用部	信托投资公司	票券金融公司	"中华邮政"储汇业务
2002	52	(36)	37	253	25	3	14	1
2003	50	(36)	35	253	25	3	14	1
2004	49	(35)	32	254	25	3	14	1
2005	45	(36)	29	253	25	2	14	1
2006	42	(33)	28	253	25	2	12	1
2007	39	(32)	27	261	25	1	12	1
2008	37	(32)	27	264	25	—	10	1
2009	37	(32)	26	275	25	—	10	1
2010	37	(28)	26	276	25	—	9	1
2011	37	(28)	25	277	25	—	8	1
2012	38	(30)	24	277	25	—	8	1
2013	39	(31)	24	278	25	—	8	1
2014	39	(30)	23	281	25	—	8	1
2015	39	(30)	23	282	27	—	8	1

数据来源：台湾地区"金融监督管理委员会银行局"网站。

备注：表中"外国及大陆银行在台分行"指其在台湾的代表行，包括在下表分机构中。

表 4.8（b） 2002-2015 年台湾金融机构分机构家数（单位：家）

年份	台湾本土银行	外国及大陆银行在台分行	信用合作社	农会信用部	渔会信用部	信托投资公司	票券金融公司	"中华邮政"储汇业务
2002	3068	68	358	847	40	29	45	1320
2003	3173	69	341	828	39	28	45	1322
2004	3189	67	319	827	39	26	44	1320
2005	3239	68	295	827	39	20	44	1321
2006	3285	64	289	817	40	20	37	1320
2007	3313	83	267	811	40	6	35	1321
2008	3264	141	271	813	42	–	33	1321
2009	3279	133	258	811	42	–	32	1321
2010	3334	92	261	810	42	–	30	1321
2011	3359	92	255	815	43	–	30	1323
2012	3416	51	255	817	43	–	30	1323
2013	3442	39	257	823	44	–	30	1322
2014	3460	39	246	820	44	–	30	1323
2015	3442	39	253	822	43	–	30	1324

数据来源：台湾地区"金融监督管理委员会银行局"网站。

表 4.9 2002-2015 年台湾金融机构员工人数（单位：人）

年份	合计	台湾本土银行	外国及大陆银行在台分行	信用合作社	农渔会信用部	信托投资公司	"中华邮政"储汇业务
2002	156 564	119 388	7 723	7 281	11 783	881	9 508
2003	158 221	125 026	7 816	6 859	11 282	823	6 415
2004	166 237	133 196	8 526	6 309	11 045	769	6 392
2005	171 532	138 174	9 356	6 043	10 829	586	6 544
2006	171 044	136 415	9 496	5 657	12 543	578	6 355
2007	170 008	136 144	8 721	4 837	13 697	201	6 408
2008	169 065	132 818	10 965	4 736	14 043	–	6 503

2009	161 343	128 348	7 758	4 413	14 404	–	6 420
2010	163 927	134 286	4 798	4 353	14 154	–	6 336
2011	165 146	135 584	4 836	4 214	14 175	–	6 337
2012	161 342	136 957	3 618	4 163	10 327	–	6 277
2013	162 826	139 654	2 234	4 160	10 292	–	6 486
2014	164 481	141 666	2 344	3 933	10 145	–	6 393
2015	168 321	145 245	2 500	3 926	10 154	–	6 496

数据来源：台湾地区"金融监督管理委员会银行局"网站。

从金融机构存贷款情况看，表4.10显示，2002年到2015年间，台湾金融机构存款额从新台币200159亿元增加至387142亿元，年均增长5.21%。其中台湾本土银行存款额从144414亿元增加至300625亿元，年均增长5.80%；外国及大陆银行在台分行存款额从新台币4844亿元增加至5316亿元，年均增长0.71%。

表4.10（a）　2002–2015年台湾金融机构存款余额（单位：新台币亿元）

年份	金融机构合计	台湾本土银行	外国及大陆银行在台分行	信托投资公司	信用合作社	农渔会信用部	"中华邮政"储汇业务
2002	200159	144414	4844	1162	6651	12472	30615
2003	210443	153406	5384	1188	6568	12761	31135
2004	223833	164114	5640	1212	6283	13324	33260
2005	238256	175100	5687	1156	6017	13693	36604
2006	249805	182579	6457	1104	5901	13742	40023
2007	251032	184917	6658	136	5350	13576	40397
2008	270162	200076	8733	–	5365	13667	42321
2009	286337	216600	5735	–	5385	14401	44215
2010	301515	232033	3949	–	5545	15003	44985
2011	315139	243006	4827	–	5466	15271	46568
2012	326595	252655	3218	–	5629	15851	49241

续表

2013	344814	268099	2911	–	5940	16471	51393
2014	365332	283394	4086	–	6010	17146	54696
2015	387142	300625	5316	–	6284	17535	57381

数据来源：台湾地区"金融监督管理委员会银行局"网站。

表 4.10（b）2002–2015 年台湾金融机构贷款余额（单位：新台币亿元）

年份	金融机构合计	台湾本土银行	外国及大陆银行在台分行	信托投资公司	信用合作社	农渔会信用部
2002	137755	125049	3681	505	3601	4920
2003	143775	131311	3736	537	3571	4620
2004	159201	145987	4304	625	3533	4752
2005	171984	157767	4858	618	3459	5282
2006	176231	160560	5400	618	3585	6069
2007	180080	163908	5907	61	3441	6763
2008	184616	167391	6800	–	3438	6987
2009	185952	170697	5073	–	3288	6894
2010	198447	183122	4773	–	3361	7191
2011	209530	192324	6312	–	3402	7493
2012	216466	199445	5390	–	3631	8000
2013	223878	205611	5580	–	3923	8765
2014	234700	213873	7298	–	4051	9479
2015	242710	220311	8076	–	4288	10035

数据来源：台湾地区"金融监督管理委员会银行局"网站。

2002 年到 2015 年间，台湾金融机构贷款额从新台币 137755 亿元增加至 220311 亿元，年均增长 4.45%。其中台湾本土银行存款额从新台币 125049 亿元增加至 220311 亿元，年均增长 4.45%；外国及大陆银行在台分行存款额从新台币 3681 亿元增加至 8076 亿元，年均增长 6.23%。综合对比可知，在台湾的外国及大陆银行分行在吸收存款业务方面仍受较大限制，过去十几年增长速度十分缓慢，在发放贷款方面则增长较快，较台湾本土银行贷款余额年均增速快

1.78 个百分点。

表 4.11　2002–2015 年台湾保险业机构数（单位：家）

年份	总计	再保险业	财产保险业						人身保险业					
			台湾企业				国际企业		台湾企业				国际企业	
			总公司	岛内分公司	海外分支机构	大陆办事处	在台分公司	在台联络处	总公司	岛内分公司	海外分支机构	大陆办事处	在台分公司	在台联络处
2002	56	1	17	161	19	3	8	12	20	132	6	2	10	1
2003	55	1	17	164	18	5	8	11	21	137	6	2	8	1
2004	57	2	17	174	18	5	9	11	21	135	6	5	8	2
2005	57	2	16	174	19	8	9	11	21	135	6	8	9	2
2006	57	2	17	183	19	10	8	9	22	136	6	8	8	2
2007	59	4	17	175	20	10	7	10	22	136	11	7	9	4
2008	61	4	17	176	22	10	8	9	23	139	12	7	9	4
2009	58	4	17	168	20	9	6	9	22	129	12	7	9	4
2010	57	3	17	163	15	8	6	9	23	129	13	7	8	4
2011	57	3	17	164	12	8	6	9	24	129	13	7	7	3
2012	57	3	17	164	11	6	6	9	24	129	13	7	7	3
2013	56	3	17	164	12	6	6	9	24	123	13	8	6	3
2014	54	3	17	165	10	6	5	8	24	123	13	8	5	2
2015	54	3	17	165	10	5	5	8	24	123	13	8	5	2

数据来源：财团法人保险事业发展中心网站。

备注：保险机构家数以营业执照核发为依据；保险业海外分支机构包括子公司、分公司、代表处和办事处。

（2）保险业的发展

从保险业机构数考察，表 4.11 显示，2002 年至 2015 年，台湾保险业机构总数稳中略降，2002 年为 56 家，到 2008 年增加到 61 家，之后数量开始下降，到 2014 年降至 54 家。从保险业从业人员数看（见表 4.12），2002 年至 2015 年，台湾保险业从业人员总数从 340237 人增加到 367036 人，年均增长 0.58%。从台湾保险业保费收入看（见表 4.13），2002 年至 2015 年，台湾保险业全部保费收入从新台币 9907.2 亿元增加到 30627.96 亿元，年均增长 9.07%；其中，财产保险业保费收入从 1014.33 亿元增加至 1361.19 亿元，年均增长 2.29%，人身保险业保费收入从 8892.87 亿元增加至 29266.77 亿元，年均增长 9.60%。

表4.12　2002-2015年台湾保险业从业人员数（单位：人）

年份	总计			财产保险业			人身保险业		
	从业人员	业务人员	内勤人员	从业人员	业务人员	内勤人员	从业人员	业务人员	内勤人员
2002	340237	303564	36673	67455	53991	13464	272782	249573	23209
2003	338333	299986	38347	74142	60179	13963	264191	239807	24384
2004	326881	287990	38891	72391	57874	14517	254490	230116	24374
2005	309414	270275	39139	81838	67538	14300	227576	202737	24839
2006	303266	262330	40936	88064	73143	14921	215202	189187	26015
2007	298126	256083	42043	95742	80730	15012	202384	175353	27031
2008	307986	267370	40616	106458	92243	14215	201702	175127	26575
2009	315574	275968	39606	120817	107236	13581	194757	168732	26025
2010	321340	281571	39769	128471	114725	13746	192869	166846	26023
2011	323396	282509	40887	130778	116568	14210	192618	165941	26677
2012	335027	293629	41398	136312	121679	14633	198715	171950	26765
2013	336430	295414	41016	140964	126016	14948	195466	169398	26068
2014	351208	309057	42151	143945	128652	15293	207263	180405	26858
2015	367036	324091	42945	151315	135684	15631	215721	188407	27314

数据来源：财团法人保险事业发展中心网站。

表4.13 2002-2015年台湾保险业保费收入统计表（单位：新台币百万元，%）

年份	保险业总计	成长率	财产保险业	人身保险业
2002	990720	20.86	101433	889287
2003	1242121	25.38	109469	1132652
2004	1423958	14.64	115468	1308490
2005	1576252	10.70	118502	1457750

续表

2006	1677807	6.44	114106	1563701
2007	1987680	18.47	112583	1875097
2008	2026584	1.96	107741	1918843
2009	2108418	4.04	101859	2006559
2010	2418654	14.71	105805	2312849
2011	2311204	-4.44	113033	2198171
2012	2598831	12.44	120483	2478348
2013	2708436	4.22	124904	2583532
2014	2903350	7.20	132220	2771130
2015	3062796	5.49	136119	2926677

数据来源：财团法人保险事业发展中心网站。

综合来看，过去十多年台湾保险业机构数略有下降，从业人员数增长十分缓慢，保费收入主要是人身保险保费收入保持了快速增长。这些表明，台湾保险业发展已经趋于成熟。

（3）证券业的发展

台湾地区的证券业无论从起步到发展都早于大陆，台湾证券市场在制度、市场、运作以及国际化等方面具有相对优势，经验也比较丰富。台湾地区的证券业于20世纪50年代起步，由于早期缺乏较为集中的交易所，导致股票、债券等交易多在店头市场进行。1962年2月，台湾证券交易所开业，标志着台湾证券市场步入发展轨道。

表4.14　2004-2015年台湾证券业家数统计表（单位：家）

年份	证券商	证券投资信托业	证券投资顾问业	证券金融业	证券交易所	柜买中心	证券集中保管事业
2004	148	45	218	4	1	1	1
2005	143	45	213	4	1	1	1
2006	137	42	171	4	1	1	1
2007	133	39	149	4	1	1	1
2008	132	39	126	4	1	1	1

2009	131	39	109	4	1	1	1
2010	130	39	109	2	1	1	1
2011	121	39	110	2	1	1	1
2012	120	38	109	2	1	1	1
2013	121	38	103	2	1	1	1
2014	119	37	96	2	1	1	1
2015	120	37	89	2	1	1	1

数据来源：台湾地区"金融监督管理委员会证券期货局"网站。

进入 21 世纪以来，台湾证券业发展也已经进入成熟阶段，2013 年之后呈现出衰退态势。从证券业经营者家数看（见表 4.14），主要经营机构的数量普遍减少，意味着业内兼并重组活动和经营者规模的提升。2004 年到 2015 年，券商数从 148 家下降为 120 家，证券投资信托机构数从 45 家下降至 37 家，证券投资顾问业机构数从 218 家下降为 89 家，证券金融业机构数从 4 家下降为 2 家，证券交易所、柜买中心和证券集中保管事业均维持 1 家。从就业人员数看（见表 4.15），2005 年到 2015 年，证券商从业人员数从 36441 人先上升到 2011 年的 41355 人，后下降至 2015 年的 36821 人，与 2005 年的从业人员数基本相当；证券投资信托业从业人数从 2005 年的 3545 人持续增加到 2015 年的 4562 人，年均增长 2.55%；台湾证券交易所从业人员从 531 人增加到 618 人，年均增长 1.53%；柜台买卖中心从业人员从 205 人增加到 295 人，年均增长 3.71%；证券集中保管事业从业人员数从 458 人增加到 502 人，年均增长 0.92%；证券投资顾问业和证券金融业从业人员数均有较明显下降。

表 4.15　2005-2015 年台湾证券业从业员工年底人数统计表（单位：人）

年份	证券商	证券投资信托业	证券投资顾问业	证券金融业	证券交易所	柜买中心	证券集中保管事业
2005	36441	3545	1927	257	531	205	458
2006	35295	3601	1856	264	547	204	453
2007	36167	3705	1728	222	565	229	504
2008	36630	4107	1834	223	591	235	493

续表

2009	36,581	3938	1808	203	589	233	501
2010	39,478	4037	1933	110	591	236	504
2011	41,355	4238	1979	106	588	252	500
2012	39,472	4242	1872	100	599	259	506
2013	36,920	4326	1805	87	615	274	505
2014	36,521	4362	1786	83	625	277	493
2015	36,821	4562	1713	86	618	295	502

数据来源：台湾地区"金融监督管理委员会证券期货局"网站。

表 4.16　2004-2015 年台湾证券业年底营业收入（单位：新台币百万元）

年份	证券商	证券投资信托业	证券投资顾问业	证券金融业	证券交易所	柜买中心	证券集中保管事业
2004	140806	16431	8713	5950	4157	1206	2249
2005	111282	14487	21282	3748	3542	1229	2068
2006	152241	14862	8424	3777	4212	1468	2942
2007	202417	24049	12659	6849	5226	1927	3830
2008	146158	19449	8878	5592	4396	1129	3214
2009	150985	17599	9624	3845	4838	1342	3479
2010	335074	21281	10396	4374	5066	1494	3558
2011	425178	22620	9044	1913	4934	1303	3469
2012	329005	22317	7168	1281	3847	1093	2993
2013	82842	25943	6493	950	3843	1273	3107
2014	93236	27104	6951	1010	4402	1666	3587
2015	88935	28899	6235	810	4513	1618	3647

数据来源：台湾地区"金融监督管理委员会证券期货局"网站。

备注：兼营者营业收入未纳入统计。

从证券业年底营业收入考察（见表 4.16），2004 年到 2015 年，证券商营业收入先是从新台币 1408.06 亿元上升到 2011 年的 4251.78 亿元；之后从 2012 年开始下降，2015 年为 889.35 亿元，仅为 2011 年的 20.92%。证券金融业营业收入下降幅度更大，从 2007 年最高时的 68.49 亿元下降到 2015 年的 8.1 亿元；降幅高达 88.17%；证券投资顾问业的营业收入也从 2007 年最高时的 126.59 亿元下降到 2015 年的 62.35 亿元，降幅为 50.75%。台湾证券交易所、柜台买卖中心和证券集中保管事业 3 家的营业收入有所增长，2004 至 2015 年间年均增速分别为 0.75%、2.71% 和 4.49%。

综合来看，台湾证券业在岛内的发展空间已经十分有限，通过加强对大陆的合作拓展发展空间是一种理性选择。

3. 台湾金融业赴北京投资的优劣势

台湾地区金融业开放早于大陆，在诸多方面具有比较优势。两岸经贸往来的增加及相关协议的陆续签订，都为京台金融业的合作提供了必要条件，在台商需求刺激及相关制度保障下，两地金融业也有强烈意愿进行合作交流。

（1）优势

其一，具有国际化视野。因开放时间早，台湾银行业者业务上与国际接轨度高，有些甚至已接受外资入股或早已引进欧美金融系统。台湾金融业在 1990 年以前属于政府管制的垄断行业，金融机构多为公营，数量少且享有高获利。1991 年开始，台湾开放设立民营银行，推行金融自由化，利率、外汇管制逐步放开。商业银行、保险公司、证券公司等各类金融机构迅速增加，对业务范围的限制也逐步放宽。台湾在推进自由化的同时并逐步推进金融国际化进程，鼓励金融机构设立海外分支机构；增设外国银行分支机构，放宽其业务限制；核准外汇指定银行设立境外金融业务分行，成立台北外币拆借市场，提升台北的国际金融地位。

进入 21 世纪，台湾当局颁布"金控法"，组建金融控股公司，推动混业经营，做大做强金融业。截至 2015 年年底，台湾本地银行数量为 39 家，外商银行在台分行 30 家，基层金融机构 (包括信用合作社、农会信用部及渔会信用部)332 家，证券公司 120 家，保险公司 54 家 (寿险公司 29 家，产险公司 22 家，再保险公司 3 家)，金融控股公司 16 家。经过 20 多年的发展和改革，台湾改变了过去公营银行机构占主导的局面，许多金融指标已接近发达国家的水平，其金融机构、金融工具以及融资渠道日趋多元化，金融体系的自由化与国际化程度也获得了很大的提高，台湾金融体系焕然一新。

台湾金融机构内部管控、风险管理成熟，并且具有较丰富的国际业务经验，在一定程度上较大陆具有金融技术、人才、产品以及经营效率上的优势。

其二，在金融产品买卖上具有比较优势。相较于大陆银行业，台湾银行业在金融商品的买卖操作上有相对潜在优势，可提供差异化服务；在金融衍生工具交易方面有丰富经验，能为客户提供全功能的资产管理业务，规避风险、进行套期保值等，建立在全新客户消费观念上的开放式服务模式，使其零售银行业务的品牌运作、人才和管理等都具一定优势。

其三，以台商客户群为基础。台湾银行业凭借其与台商岛内母公司建立的业务往来关系，具有与大陆台商往来的天然优势，互信基础佳。台资银行比其他竞争银行更熟悉大陆台商习性，可提供完善的金融服务。岛内已有"金融联合征信中心"（即专门搜集金融机构间信用资料）机制，拥有长期提供台资企业资本金、扶助产业升级和发展的经验，特别是对台资中小企业背景的掌握程度，是包括大陆银行在内的外资银行所难以相比的；具有规模经济，便于控制授信风险。同一银行有利于企业节省两岸经贸活动费用，达到规模经济效益；银行也更易掌握客户总体运营情况，控制授信风险；有较强经营能力及客源定位优势。大陆银行的收入以利息为主，且实际收息率很低；台资银行在零售、企业融资及同业金融上都具有相当优势。大陆相关个人金融服务开发速度慢、网络银行发展落后，台资银行应有能力很快切入此业务市场；台商在大陆的金融需求主要表现在融资和通汇方面，因信用不明及抵押担保贷款程序烦琐，台商在大陆银行贷款比例较小，60%以上台商是从台湾或第三地自带资金在大陆进行投资，岛内银行承担了大部分资金供应任务。目前台资正处在向资本技术密集型企业转型过程中，其对两岸资金往来的需求进一步扩大；岛内流动性充裕，有利于台资银行赴大陆投资后协助大陆台商中小企业解决融资难困境。

（2）劣势

其一，台资银行自身问题。规模小，因台湾银行家数过多，造成规模普遍较小，台湾本土前5大银行的总资产约11万亿新台币，而大陆5家国有银行的资产规模超过27万亿人民币（约122万亿新台币）；银行同质性高，难以形成合理的分工合作；主要股东（董监事）以高度财务杠杆方式取得经营权，不利于银行健全发展。

其二，台湾市场狭小，竞争过度。台湾市场狭小，推动自由化后金融机构数量猛增，但随着台湾制造业大量外移至大陆及东南亚，导致银行、证券、保险各业都普遍存在竞争过度的问题。据2013年台湾"中央银行"及惠誉信评的统计，过去10年来，台湾银行业净利差平均1%多，在亚洲地区（不含日本）

最低。

因此台湾金融业者必须寻求向外发展的机会，进入国际市场布局，而大陆是台湾金融业进入国际市场的必经通道。根据台湾"金管会"统计，2012 年国银分行、子行加上国际金融业务分行 (OBU) 的海外分支据点占税前盈余比重已达到 32.2%，而台湾的 70% 对外投资和贸易均在大陆，因此银行主要从大陆获利已成事实。

其三，赴大陆投资后的适应与发展问题。其管理层与大陆本地员工的初期融合问题；开拓大陆本地企业业务困难，而对台商又会因台资银行间竞争，出现业务量不足问题；传统业务的存贷差竞争激烈，而开放金融衍生产品又困难重重；即使在 MOU 协议下，台湾银行在大陆的发展在开始两年也会较慢。因为在最初进入大陆市场时，银行需确定品牌、策略，并努力满足大陆监管的财务指标，如存贷比等。

二、两岸及京台金融业合作分析

（一）两岸金融业合作情况

20 世纪 90 年代以后，为了促进金融国际化，迫于岛内外经济发展的压力，台湾当局开始逐步放宽两岸金融往来限制，2001 年台湾当局开放岛内银行来大陆设立代表处，正式开启了两岸金融业交流合作的大门。

长期以来，两岸金融合作一直呈现单向的格局，台湾金融业可以到大陆来设立代表处，但大陆的金融机构却不能入台设立代表处。2009 年 11 月 16 日，备受关注的两岸金融监管合作谅解备忘录（MOU）生效后，7 家在大陆设立办事处满 2 年的台湾银行升格为分行。2010 年 6 月 29 日《海峡两岸经济合作框架协议》(ECFA) 的签署正式开启了两岸金融交流合作的正常化进程，两岸的金融机构由此可以逐步双向进入对方设立分行、子行及代表处，并有条件地开展相关金融业务经营。2010 年以来，两岸金融产业合作全面提速，在银行、保险、基金管理以及金融控股等领域的合作逐步展开。

从台湾核准对大陆金融保险业投资金额看，表 4.17 显示，2010 年之前，仅 2007 年和 2008 年的投资金额超出 1 亿美元，多数年份占台湾核准对大陆投资总金额的比例不足 1%，1991 至 2009 年累计金额为 8.64 亿美元；从 2010 年起，台湾核准对大陆金融保险业的投资金额及所占比重都迅速提升，到 2015 年，两者分别达到 27.86 亿美元和 25.41%。

表 4.17 1991-2015 年台湾核准对大陆金融保险业投资（单位：亿美元，%）

年份	金额	比例	年份	金额	比例	年份	金额	比例
1991	0.00	0.00	2000	0.00	0.00	2009	0.49	0.68
1992	0.00	0.00	2001	0.03	0.11	2010	5.00	3.42
1993	0.02	0.06	2002	0.72	1.06	2011	12.56	8.74
1994	0.00	0.00	2003	0.83	1.07	2012	17.26	13.49
1995	0.00	0.01	2004	0.70	1.01	2013	19.01	20.68
1996	0.12	0.96	2005	0.35	0.58	2014	16.59	16.14
1997	0.63	1.44	2006	0.84	1.10	2015	27.86	25.41
1998	0.01	0.05	2007	1.18	1.18	2010-2015	98.28	13.61
1999	0.18	1.45	2008	2.56	2.39	1991-2015	106.92	6.90

数据来源：根据台湾"经济部投审会"统计数据库整理。

表 4.18 2010-2016 年台湾核准对大陆投资主要金融类项目（单位：亿美元）

核准时间	投资行业	核准投资金额	投资地点	核准时间	投资行业	核准投资金额	投资地点
2010.08	银行业	1.06	上海市	2014.04	银行业	1.72	福州
2011.08	人身保险业	2.16	上海市	2014.11	银行业	1.67	宁波
2011.03	银行业	1.60	江苏省	2014.08	银行业	1.65	武汉
2011.02	银行业	1.20	上海市	2014.02	银行业	1.64	上海市
2011.11	银行业	1.20	上海市	2014.09	银行业	1.31	广州
2011.07	银行业	1.11	江苏省	2014.06	银行业	1.00	福建省
2012.12	银行业	3.17	江苏省	2015.10	财产保险业	6.58	北京市
2012.05	银行业	1.81	四川省	2015.12	金融控股业	3.57	北京市
2012.06	银行业	1.59	天津市	2015.04	人身保险业	2.71	北京市
2012.04	银行业	1.27	上海市	2015.04	银行业	1.65	广州
2012.03	银行业	1.11	上海市	2015.03	银行业	1.62	深圳特区
2012.10	银行业	1.00	天津市	2015.08	银行业	1.62	福建省

2013.04	银行业	12.35	上海市	2015.08	银行业	1.31	厦门
2013.12	银行业	1.78	广东省	2016.02	银行业	4.29	上海市
2014.05	银行业	2.06	厦门	2016.03	财产保险业	4.00	北京市

数据来源：根据台湾"经济部投审会"统计数据库整理。

进一步从台湾核准对大陆投资主要金融类项目（投资金额超出 1 亿美元的项目）看，表 4.18 和图 4.2 显示，2011 年至 2015 年，主要金融类投资共 30 项，占同时期全部投资额超 1 亿美元项目总数 108 项的 27.78%；合计金额 62.56 亿美元，占同时期金融类投资总额的 63.65%。

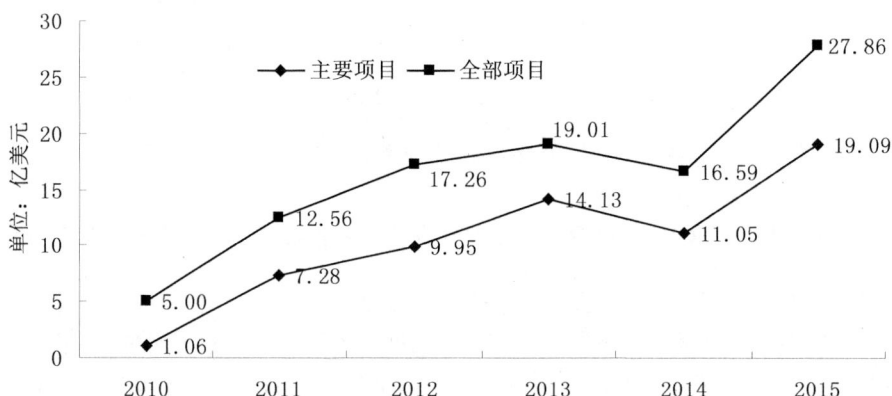

图 4.2　2010–2015 年台湾核准对大陆金融产业投资额

资料来源：根据表 4.17 和表 4.18 中数据绘制。

显然，2011 年以来，两岸在金融业的合作广度及合作深度都取得了长足进展。根据台湾方面对《海峡两岸金融合作协议》（含《海峡两岸经济合作框架协议》中的金融部分）执行成效的统计，截至 2016 年年底，在银行业部分，台湾"金融监督管理委员会"（金管会）已核准 13 家岛内银行来大陆设立分（支）行及子行，其中 28 家分行、11 家支行及 3 家子行已开业，另设有 3 家办事处；另大陆银行到台湾投资的部分，已有中国银行台北分行、交通银行台北分行和建设银行台北分行在台湾地区开业，另有招商银行和中国农业银行 2 家在台湾地区设有 2 家办事处。

　　货币互通方面。两岸已经签署货币清算机制,两岸分别指定中国银行台北分行和台湾银行上海分行作为人民币和新台币的清算行,两岸经贸往来可以使用本币进行贸易和结算,实现了货币直接双向往来。2013年,台湾当局宣布两岸跨境人民币汇款平台启动,进一步降低了两岸货币调运和汇兑成本,提升了两岸通汇效率。

　　1992年两岸保险业首次在北京接触以来,保险业即形成定期交流制度。随着大陆保险业的对外开放及2002年台湾公布"两岸保险业务往来许可办法",两岸保险业合作取得了较大进展。2004年,国泰人寿保险公司获准与东方航空公司设立寿险公司,成为台湾第一家在大陆设立的保险公司。此后,一些台湾保险公司凭借语言、文化与风俗习惯相同的优势,陆续突破各种障碍进入大陆市场。目前,共有国泰产险、国泰人寿、富邦产险等10余家台资保险公司在大陆设立了办事处(详见表4.19)。截至2016年年底,"金管会"已核准12家岛内保险业及3家保经公司来大陆参股投资,并已获大陆核准参股投资地区7家保险业者、2家保险经纪人公司及1家保险代理人公司,另有2件保险业者(1件产险公司及1件寿险公司)到大陆参股投资案经"金管会"核准但尚未向大陆监理机构递交申请或刻由大陆监理机构中审核中;保险业并设有13处代表人办事处。

表4.19 台湾金融业在大陆设点情况

地点	银行业	证券业	保险业
北京	合作金库、"中国信托"、富邦华一	元大京华、倍利国际、金鼎、京华山一、复华、宝来	国泰产险、国泰人寿、富邦产险、富邦人寿、新光人寿、台湾人寿、明台产险、友联产险
上海	国泰世华银行、土地银行、华南银行、第一商业、富邦华一(合资)、台湾银行、台湾企银、"中国信托"银行	元大京华、倍利国际、金鼎、元富、群益、宝来、统一、建华、日盛、大华、太丰行、中信凯基、第一、富邦、台证	富邦产险、新光人寿、"中央产物"、国泰世纪产物、友联产险、万达保险、国泰人寿、明台产险
深圳	华南银行、玉山银行	倍利国际、元富、亚洲环球、中信凯基、金鼎	—
广州	"中国信托"、台湾银行	"中央产物"、国泰人寿	—

天津	土地银行、合作金库银行、台湾工业银行（天津办事处）	—	—
成都	金鼎	国泰人寿	
南京	永丰银行、富邦华一	—	—
昆山	彰化银行	—	
苏州	合作金库银行、兆丰银行	—	新光产物、国泰人寿
宁波	兆丰银行	—	—

资料来源：本研究根据相关资料整理。

备注：因受获取资料限制，所给出的点可能并不齐全。

在证券期货业部分，"金管会"已核准1家证券商来大陆参股设立期货公司，4家投信事业来大陆参股设立基金管理公司并已营业，其中1家经"金管会"同意撤资处分持股，另并有1家投信事业于大陆设立办事处、9家证券商赴大陆设立15处办事处。

显然，台湾金融业在大陆设点城市主要集中在北京和上海，也即京台金融业合作以及沪台金融业合作是两岸金融业合作的代表。

（二）京台金融业合作情况

1. 合作总体情况

在两岸金融合作出现全新格局的大背景下，京台金融合作在近年来也快速发展。表4.19显示，目前台湾银行业在北京设有2家办事处（"中国信托"商业银行、合作金库银行）和1家分行（富邦华一银行）；证券业方面，台湾证券公司在北京设有元大京华、倍利国际、金鼎、京华山一、复华、宝来等6家办事处；保险业方面，国泰产险、国泰人寿、富邦产险、富邦人寿、新光人寿、台湾人寿、明台产险、友联产险等均在北京设点。

表4.20　台商北京金融业分项目投资统计（截至2016.8）（单位：千美元）

年月	行业	金额	年月	行业	金额
1993.05	投资顾问业	180	2014.10	投资顾问业	39500

续表

1997.11	投资顾问业	110	2015.05	投资顾问业	1500
1998.12	投资顾问业	98	2015.06	投资顾问业	30043.6
2001.06	投资顾问业	686	2014.07	保险代理及经纪业	2741.2
2002.11	投资顾问业	2000	2015.06	保险代理及经纪业	1211.1
2002.12	投资顾问业	90	2015.10	财产保险业	657664.9
2003.02	投资顾问业	204	2016.03	财产保险业	400028.4
2003.04	投资顾问业	300	2011.01	基金管理业	10741.9
2003.12	投资顾问业	300	2011.01	基金管理业	10348
2004.03	投资顾问业	850	2016.05	基金管理业	9990
2004.09	投资顾问业	500	2007.01	金融控股业	400
2004.12	投资顾问业	2700	2011.05	金融控股业	620
2005.03	投资顾问业	350	2015.12	金融控股业	356688.6
2005.10	投资顾问业	400	2016.03	金融控股业	346.8
2005.11	投资顾问业	908	2015.01	金融租赁业	44100.3
2006.02	投资顾问业	400	2007.11	期货商	1185.6
2006.05	投资顾问业	1600	2015.05	期货商	1613.4
2007.03	投资顾问业	252	2012.08	人身保险业	39180
2012.06	投资顾问业	3000	2013.12	人身保险业	1350
2012.08	投资顾问业	3000	2015.04	人身保险业	270884.9
2013.09	投资顾问业	800.2	2015.12	人身保险业	932.8
2014.05	投资顾问业	160	2016.03	人身保险业	37.4
2014.06	投资顾问业	5031.6	—	—	—

数据来源：根据台湾"经济部投审会"统计数据库整理。

从台湾"经济部投审会"核准的台湾金融业对北京投资看（见表4.20），2000年之前仅有3项38.8亿美元投资，全部分布在投资顾问业；2001—2006年，投资仍全部分布在投资顾问业，但投资项目及金额数有明显增长，共计1128.8万美元。2007年，台资在北京开始进入金融控股和期货领域，在这两个行业分别投资40万美元和118.6万美元。2011年和2012年，台湾金融业在北京的投资布局进一步涵盖了基金管理业和保险业，2015年又进入金融租赁业。

2011 年以来，无论是涉足范围，还是投资金额上，京台金融合作都上了一个全新层次。图 4.3 给出了 1993 至 2016 年 8 月台商北京金融业投资的细分行业分布。可以看出，台湾金融业对北京金融业的投资主要集中在保险业，累计核准投资 13.7 万亿美元，占 72.13%；其次是金融控股业，累计核准投资 3.58 亿美元，占 18.80%；投资顾问业居第三位，累计核准投资金额 9496.4 万亿美元，占 4.98%；基金、期货和金融租赁行业的投资规模还都较小。

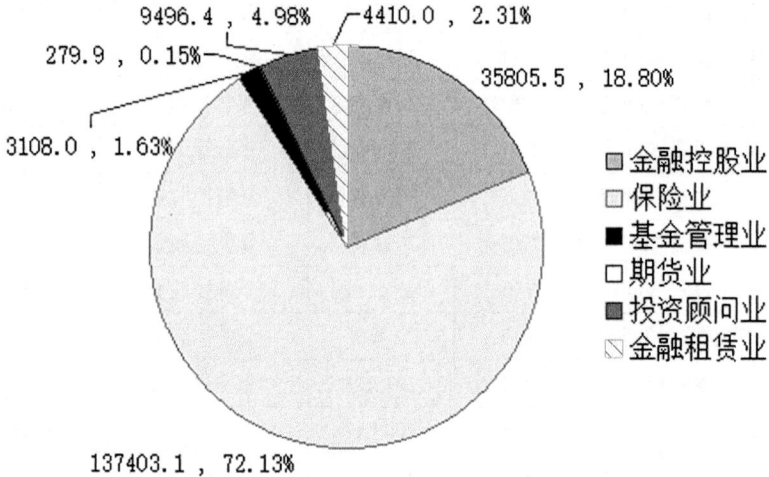

图 4.3　台商北京金融业投资行业结构（截至 2016.8）

2011 年以来，京台金融合作进入大发展时期。然而，客观而言，京台金融机构合作的广度深度总体上还是比较有限的，落后于当前京台经贸合作和北京建设国际金融中心的整体进程，仍有较大的提升发展空间。

2. 合作中存在的问题

京台金融合作是个相当复杂的过程，台资金融机构一般规模较小，进入大陆市场又较其他国际金融机构滞后，因此，如何使台资金融机构进入大陆市场后站得住脚，能获得一定的市场份额，能在外资金融机构激烈竞争和中国大陆金融机构尚受一定政策保护的市场中生存下去，而不是台商所谓的"看得见，吃不着的市场"，是京台金融合作能顺利开展和持续深化的关键，这就需要我们的主管机关在签署两岸金融合作协议和 MOU 后，还要有经营规划的意识，要采取系列性的政策，帮助台资金融机构在大陆市场站稳脚跟，迅速扩大在大陆的经营规模。就当前而言，台资金融机构在北京的经营过程还存在以下三个方面具体问题待进一步解决：

首先是如何帮助台湾金融机构尽快适应大陆的金融监管制度。台湾的金融监管采取的是负面监管表列方式，除了规定不可以做的，金融机构都可以做，但大陆是采用正面监管表列方式，只有规定可以做的才能做。因此台湾银行在北京落地经营之初会对大陆的金融监管制度有一个不适应期。

其次是台湾金融机构在北京缺乏熟悉的产业配套体系支持，目前受相关法规限制，在北京的台资金融机构产业体系并不完整。从北京市台办经济处获悉，目前，台湾22家金融机构在北京设立代表处、办事处，但现在营业的仅有2家，它们是2009年在北京设立的新兴海航人寿保险公司、2011年在北京设立的方正富邦基金管理有限公司。北京外资金融机构云集的态势与台资金融机构的稀少形成了鲜明对比。由于缺乏完整的金融产业体系吸引，台资金融机构运营相配套的台资金融法律、征信等中介机构也无法在北京集聚和运营，台资金融机构面临如何在北京获得产业配套支持从而迅速扩展金融业务，扩大经营规模的挑战。

第三，台资金融企业与北京本地金融机构的业务合作较少。由于银行规模和经营文化的差异以及经营方式和顾客目标群的一定程度的重叠，两岸银行出于维护自身利益和竞争优势的需要，尚难以全面和深入地推进业务合作。因此未来如何协调各方利益，建立京台金融优势资源合作共享机制，推动京台金融机构的深层合作，是密切京台金融合作关系，帮助台资金融机构扎根北京持续发展的重要一环。

（三）京台金融业合作前景展望

两岸ECFA签署后，京台金融业合作面临新的机遇，两地金融业务合作的范围将进一步拓展。结合两地金融资源的优势，台湾金融机构在北京落地有助于其搭上大陆经济金融发展的快车，北京有望成为台湾金融机构落户大陆的首选，将发展成为台资金融机构的集聚区。

当前京台金融机构可谓各有优势，台湾优势在于台湾金融开放较早，金融自由化进程快于大陆，有较丰富的国际金融运作经验。而北京金融机构优势在于有庞大的大陆市场可供依托，大陆本土运作经验丰富，而且北京金融资产规模居大陆第一，还拥有政策层面的诸多优势。京台在金融市场、金融机构、金融业务等多方面都存在着巨大的合作空间，台湾金融机构尤其擅长服务中小企业和消费金融方面，未来京台银行可望结成策略联盟，如京台银行开展两地资产相互鉴价、征信平台合作，北京银行可以作为人民币贷款来源，台湾银行则是台商客户和北京银行间的中介桥梁，此外，京台台金融机构也可在消费贷款和银联卡市场方面展开合作。台湾的金融机构进入大陆市场虽然起步较晚，但由于语言和文化上与大陆相近，会比除港澳之外的其他外资经营享有此竞争优势。

1. 京台金融业合作要以银行业合作为突破口

20 世纪 90 年代以来形成的金融全球化浪潮，以及近些年东亚经济一体化，台湾经济面临经济边缘化的危机是台湾银行业向大陆市场投资的环境动因。在此经济环境下，跟踪产业转移、追随服务对象就成为台湾银行业向大陆投资，获取更大的利润空间的直接动因。大陆是台资产业转移的最大集聚地，因此，银行业向大陆的转移就是一种必然趋势。台湾银行业的海外分支机构，基本上是为了更好地为海外公司服务而设立，所以台湾银行的海外分支机构分布基本与对外投资的布局相同，主要集中在亚洲、欧美地区。现在，大陆是台湾产业转移的最主要集中地，从银行自身来说，迫切想进驻大陆市场，以更好地承接在大陆企业的金融业务，获取经营利润。

据商务部统计，截至 2015 年 12 月底，大陆累计批准台资项目 95298 个，2015 年两岸贸易额已达 1885.6 亿美元，基本形成了以广东、福建为主导的华南地区，以上海为核心的长三角地区，以北京、天津为主的环渤海湾地区以及以区域中心城市为重点的西部等若干台资相对集中的区域。但在大陆投资的多为台湾地区的中小型企业，一直深受融资难问题的困扰。在大陆的台商虽然有多种融资渠道，但外资银行、台资银行 OBU，大陆银行等渠道的审查标准较高，服务对象以中大型企业为主，而到大陆投资的台商大部分以中小企业为主。大陆台资中小企业因其"两头在外"，信息不透明，大陆银行信贷难以支持，加之大陆市场上市名额有限，台资企业几乎无法进行直接融资，因此普遍存在资金缺乏与融资困难问题。

在台商的主要投资地大陆市场，台资银行仍有很大的市场空间。台湾银行在了解台商资信的能力上，远远超过当地银行及外资银行，与台资企业的信任关系在某种程度上也是其他银行无法相比的，而且台资银行在服务中小企业融资方面有丰富的经验。台湾金融机构具备文化语言优势，两岸同文同种，思维方式、行为习惯非常相近，而金融业又是以人为本的行业，人才的沟通交流对合作的成功至关重要。因此，台资银行应该尽快进驻大陆市场，拓展大陆的台商作为其客户，摆脱岛内市场竞争激烈，客户逐渐流失，业务需求大等各方面的困境。

目前，已有三家银行在北京设立了分行或办事处，若今后两岸合作进一步深化，准许台资银行在大陆设立分支机构并办理人民币业务，相信在北京设点的台资银行会增加，有利疏解众多在京台商的融资问题。

2. 京台金融合作与促进实体经济发展相结合

环渤海地区是台商在大陆投资的重点区域之一，是未来台资金融机构开展大陆业务的主要地区，因此京台金融合作要与环渤海地区协调发展相结合，以北京良好的金融业发展环境和加强金融合作支持实体经济发展，支持台资金融机构为环渤海地区广大台商提供完善的金融服务。

根据北京市台办经济处提供的数据，2014年京台进出口总额36.5亿美元、北京向台湾出口总额13.4亿美元、北京从台湾进口23.1亿美元。京台经贸往来的迅速发展，既为京台金融交流提供了物质基础，也对京台加强金融合作、更好地服务实体经济发展提出了强烈需求。

同时京台金融合作也要与促进两岸双向投资相结合，台湾当局已于2009年6月30日发布"大陆地区人民赴台投资许可办法"，有条件允许陆资入台。而大陆企业入台不是看重台湾规模狭小而竞争激烈的岛内市场，更多的是希望加强与台湾大企业的战略联盟，利用台湾企业遍布全球的营销网络和台湾市场与国际市场更紧密的联系，大陆企业以台湾为前进基地，台湾企业以大陆为依托，两岸企业共同走向全球市场，而两岸金融合作将为两岸企业的全球合作提供广泛的金融支持，京台金融机构可以利用金融及资本纽带，帮助京台大企业增强重组并购力度，面向国际市场，打造国际产业竞争力。

三、京台金融业合作中政府与市场的关系

在京台金融业发展及合作过程中，无论是台湾的金融机构到北京投资设点运营，还是中国银行、交通银行在台湾开设分行以及中国建设银行和招商银行在台湾设立代表处，都是市场主体在政策允许下的理性选择，市场是最根本的因素；同时政府通过产业扶持政策、市场开放政策和建立相关合作机制等方式也发挥了重要作用。

（一）产业政策支持金融业发展

政府通过产业政策对金融产业发展的推动作用不可小视。从 2002 年开始，北京市政府及各区县政府就陆续出台了一系列相关措施，促进地区金融产业发展，推动金融产业发展与集聚。2003 年，在特华财经研究所提交给北京市政府的《首都金融业发展战略研究报告》中，首次提出了"金融立市"的指导思想，从而确立了北京"建设国际金融中心"的发展战略目标。

2006 年 10 月，北京发布"十一五"时期金融发展规划，确定金融街、商务中心区 (CBD) 和中关村为北京市的三大功能区。两个月后，中国银行业全面对外开放，外资银行本地注册，人民币业务限制取消，银行卡业务放行，政策门槛降低，吸引外资机构落户北京，推动北京金融产业集聚。2008 年 5 月 6 日，北京《关于促进首都金融业发展的意见》(以下简称《意见》) 正式对外公布。该《意见》指出，深化"一主一副三新四后台"的总体布局，将北京金融业今后发展的指导思想明确为：优化金融发展环境，加强金融市场建设，维护首都金融稳定和安全。而"一主一副三新四后台"的总体布局先从地域上划分出金融发展和聚集的地理区位，使金融功能区遍布东南西北四个城区，实现了金融业的协同、互动和均衡发展。

"十二五"时期，北京市金融业发展规划的战略目标是首都金融业在金融创新、债券市场、股权投资、金融人才等领域的大陆领先地位基本确立，北京作为国家金融管理中心的地位得到进一步巩固和提升。具有国际影响力的金融城市框架基本形成。在发展中切实注重以下三个方面：一是坚持市场主导，既要促进金融自身的科学发展，又要推动金融与实体经济的深度融合；二是坚持统筹发展，既要积极推进金融改革创新，又要注重安全稳定；三是坚持服务保障，既要增强地方政府服务的主动性，又要处理好与国家金融管理部门的关系。

"十三五"时期，北京市金融业发展规划的主要目标是：到"十三五"期末，北京作为集金融决策监管、资产管理、支付结算、信息交流、标准制定于一体的国家金融管理中心的地位得到进一步巩固提升，金融对北京建设"四个中心"的支持力度进一步加大，北京金融业继续在金融市场、金融创新、金融人才等领域保持全国领先地位；在科技金融、互联网金融等创新领域率先突破，国家科技金融创新中心全面建成；京津冀金融协同发展不断加速，基本实现区域要素市场一体化；国际高端金融组织加速聚集，金融服务业扩大开放水平全面提高；金融业对北京经济发展的贡献力不断提升，具有国际影响力的金融中心城市初步建成。金融业发展重点任务包括：深化开放合作，融入国际金融新格局；加速协同发展，开拓京津冀金融一体化新领域；服务宜居之都，构建和谐发展新空间；支持创新创业，争取科技金融创新新突破；规范发展互联网金融，发掘产业发展新业态；紧抓战略机遇，打造多业态金融组织新体系；借助多层次金融市场，构建全方位发展新平台。[①]

（二）金融开放政策

1. 大陆及北京金融业开放政策

2001 年年底加入 WTO 之前，中国大陆金融业属于严格限制外资进入的行业，对外开放程度很低。加入 WTO 时，根据签署的相关协议，政府做出了一系列金融业开放承诺，主要内容包括[②]：

银行业开放方面，对外资银行营业许可方面的承诺包括：（1）扩大外资银行外汇业务范围。正式加入时，取消外资银行办理外汇业务在客户对象方面的限制。外资银行可以立即向中资企业和中国居民全面提供外汇服务，且不需要进行个案审批。正式加入时，立即允许外资银行在现有业务范围基础上增加外币兑换、同业拆借、外汇信用卡的发行、代理国外信用卡的发行等业务。（2）逐步扩大外资银行人民币业务范围。第一，允许外资银行在现有业务范围基础上增加票据贴现、代理收付款项、提供保管箱业务。第二，逐步取消外资银行经营人民币业务的地域限制。加入时，开放深圳、上海、天津、大连；加入后1 年内，开放广州、珠海、青岛、南京、武汉；加入后 2 年内，开放济南、福州、成都、重庆；加入后 3 年内，开放昆明、北京、厦门；加入后 4 年内，开放汕头、宁波、沈阳、西安；加入后 5 年内，取消所有地域限制。第三，放宽对异地业务的限制。允许在一个城市获准经营人民币业务的外资银行向其他开放人民币业务城市的客户提供服务。第四，逐步取消人民币业务客户对象限制。加入后 2 年内，允许外资银行向中国企业办理人民币业务；加入后 5 年内，允许外资银行向所有中国客户提供服务。（3）同城营业网点的审批问题。允许外资银行设立同城营业网点，审批条件与中资银行相同。（4）坚持审慎原则发放

---

① 北京市金融工作局、北京市发展和改革委：《北京市"十三五"时期金融业发展规划》，2016 年 12 月，北京市金融工作局网站，http://www.bjjrj.gov.cn/tztg/c44-a1647.html。

② 本部分相关内容来自《加入 WTO 后中国金融业对外开放的内容与时间》，《中国人民银行文告》，2011（25）：3-17。

营业许可。中国金融监管部门发放经营许可证坚持审慎原则，即在营业许可上没有经济需求测试或者说数量限制。加入后 5 年内，取消所有现存的对外资银行所有权、经营和设立形式，包括对分支机构和许可证发放进行限制的非审慎性措施。

对开放汽车消费信贷服务承诺：加入时，即允许外资非银行金融机构进入我国汽车消费信贷市场开展业务，而且在市场准入和国民待遇方面没有限制。这意味着在我国加入 WTO 后，外资非银行金融机构在汽车消费信贷领域可以立即经营对居民的人民币业务。同时，外资银行在获准经营中国居民人民币业务后，也可开展汽车消费信贷业务。

对开放金融租赁业务承诺：加入时，经审批，即允许外资金融租赁公司按照与中资金融租赁公司相同的条件，提供金融租赁服务。

证券业开放方面，承诺内容包括：(1) 外国证券机构可以不通过中方中介，直接从事 B 股交易。(2) 外国证券机构驻华代表处，可以成为中国所有证券交易所的特别会员。(3) 允许设立中外合资的基金管理公司，从事国内证券投资基金管理业务，外资比例在加入时不超过 33%，加入后 3 年内不超过 49%。(4) 加入后 3 年内，允许设立中外合资证券公司，从事 A 股承销、B 股和 H 股以及政府和公司债券的承销和交易，外资比例不超过 1/3。

保险业开放方面，承诺内容包括：(1) 企业形式。加入时，允许外国非寿险公司在华设立分公司或合资公司，合资公司外资比例可以达到 51%。加入后 2 年内，允许外国非寿险公司设立独资子公司，即没有企业设立形式限制；加入时，允许外国寿险公司在华设立合资公司，外资比例不超过 50%，外方可以自由选择合资伙伴；允许所有保险公司按地域限制放开的时间表，设立国内分支机构。(2) 开放地域。加入时，允许外国寿险公司和非寿险公司在上海、广州、大连、深圳、佛山提供服务；加入后 2 年内，允许外国寿险和非寿险公司在北京、成都、重庆、福州、苏州、厦门、宁波、沈阳、武汉和天津提供服务；加入后 3 年内，取消地域限制。(3) 业务范围。加入时，允许外国非寿险公司向在华外商投资企业提供财产险以及与之相关的责任险和信用险服务；加入后 2 年内，允许外国非寿险公司向外国和中国客户提供所有商业和个人非寿险服务；加入时，允许外国保险公司向外国公民和中国公民提供个人（非团体）寿险服务；加入后 3 年内，允许外国保险公司向外国公民和中国公民提供健康险、团体险和养老金／年金险服务。

表 4.21　大陆方面金融服务部门的开放承诺

部门名称	具体承诺
保险及其相关服务	积极支持符合资格的台湾保险业者经营交通事故责任强制保险业务，对台湾保险业者提出的申请，将根据有关规定积极考虑，并提供便利。
银行及其他金融服务（不包括证券期货和保险）	1. 大陆的商业银行从事代客境外理财业务时，可以投资符合条件的台湾金融产品。 2. 符合条件的台湾的银行可以按照现行规定申请在大陆发起设立村镇银行。 3. 台湾的银行在福建省设立的分行可以参照大陆关于申请设立支行的规定提出在福建省设立异地（不同于分行所在城市）支行的申请。 4. 若台湾的银行在大陆设立的法人银行已在福建省设立分行，则该分行可以参照大陆关于申请设立支行的规定提出在福建省设立异地（不同于分行所在城市）支行的申请。 5. 在符合相关规定的前提下，支持两岸银行业进行相关股权投资合作。 6. 台湾的银行在大陆的营业性机构，经批准经营台资企业人民币业务时，服务对象可包括依规定被认定为视同台湾投资者的第三地投资者在大陆设立的企业。
证券、期货及其相关服务	1. 允许台资金融机构以人民币合格境外机构投资者方式投资大陆资本市场。 2. 为台资证券公司申请大陆合格境外机构投资者（QFII）资格进一步提供便利，允许台资证券公司申请 QFII 资格时，按照集团管理的证券资产规模计算。 3. 允许符合条件的台资金融机构按照大陆有关规定在大陆设立合资基金管理公司，台资持股比例可达 50% 以上。 4. 允许符合设立外资参股证券公司条件的台资金融机构按照大陆有关规定在上海市、福建省、深圳市各设立 1 家两岸合资的全牌照证券公司，台资合并持股比例最高可达 51%，大陆股东不限于证券公司。 5. 允许符合设立外资参股证券公司条件的台资金融机构按照大陆有关规定在大陆批准的"在金融改革方面先行先试"的若干改革试验区内，各新设 1 家两岸合资全牌照证券公司，大陆股东不限于证券公司，台资合并持股比例不超过 49%，且取消大陆单一股东须持股 49% 的限制。 6. 允许符合外资参股证券公司境外股东资质条件的台资证券公司与大陆具备设立子公司条件的证券公司，在大陆设立合资证券投资咨询公司。合资证券投资咨询公司作为大陆证券公司的子公司，专门从事证券投资咨询业务，台资持股比例最高可达 49%。 7. 在大陆批准的"在金融改革方面先行先试"的若干改革试验区内，允许台资证券公司在合资证券投资咨询公司中的持股比例达 50% 以上。 8. 允许符合条件的台资期货中介机构按照大陆有关规定，在大陆申请设立合资期货公司，台资合并持股比例最高可达 49%。

资料来源:《海峡两岸服务贸易协议》附件一服务贸易具体承诺表。

从上述开放内容可以看出，加入 WTO 促使中国金融业对包括台资在内的境外资本全面开放，北京市是开放较早的区域，这为京台金融业的合作初步奠定了制度性基础。2010 年 6 月 29 日，两岸签署《海峡两岸经济合作框架协议》（ECFA），两岸同意加强经济、金融的交流与合作，明确了早期收获阶段两岸金融服务业的具体开放措施；2013 年 6 月两岸两会签署《海峡两岸服务贸易协议》，大陆在金融业领域也做出了针对台资的扩大开放承诺，涉及保险、银行、证券、期货等业务领域，详细内容见表 4.21。这些协议从制度上为两岸及京台两地金融机构全面合作铺平了道路。

2. 台湾金融业开放政策

为了使台湾地区的银行业发展与金融改革目标相适应，更进一步地促进台湾地区金融业务的自由化与国际化，自 20 世纪 80 年代起，台湾地区相继制定并实施了一系列的开放措施，所以其银行业的对外开放程度也在不断加深。1983 年台湾地区出台了"国际金融业务条例"。1990 年台湾地区"财政部"修订了"外商银行管理办法"，1993 年台湾出台"外国银行设立分行及代表人办事处审核准则"，规定了外资银行在台湾设立分行及办事处的资格条件，1997年台湾地区为外资银行提供"国民待遇"。至此，外资银行与台湾境内的银行已经没有明显的差异。

台湾的银行业对大陆的开放发展较为曲折，进展缓慢，开放程度也比较低。台湾的"财政部"和陆委会于 1991 年出台了"现阶段金融机构办理对大陆地区间接通汇作业要点"，允许外汇指定银行以及邮政储金汇业局以间接汇款的方式办理对大陆个人的小额汇款。台湾当局于 1992 年正式批复实施了"台湾地区与大陆地区人民关系条例"，明确提出台湾地区的金融机构（包括台湾海外的金融分支机构），未经有关部门的许可，不得与大陆法人、团体及其他机构（包括海外分支机构），开展金融业务的直接往来。进入 21 世纪，台湾地区的银行业对大陆的开放力度逐渐加强。2000 年台湾地区"财政部"出台"金门、马祖与大陆福建地区金融往来作业要点"，开放金门、马祖等地与大陆沿海局部地区的通汇与金融业务的往来。2008 年国民党重新执政，两岸关系进入一个新的发展阶段，两岸金融合作也进入扩大与深化阶段。2009 年 11 月 16 日，两岸签署《两岸金融监管谅解备忘录》（简称 MOU），借以推进两岸金融合作。2012 年 8 月31 日两岸签署了《海峡两岸货币清算合作备忘录》。随后台湾于 9 月 17 日选定台湾银行上海分行作为台湾在大陆的货币清算行，大陆于 12 月 11 日选定中国银行台北分行作为大陆在台湾的人民币清算行。至此，两岸货币清算的框架基本建立，为两岸开展货币清算业务奠定了基础。

台湾地区保险业的对外开放起步于 20 世纪 80 年代，最初其保险业是只对美国开放；1990 年，台湾正式提出加入 WTO 的申请以后，为了达到加入世贸组织的目的，台湾地区于 1994 年出台了"外国保险业许可标准及管理办法"，并且在数量上不加以限制，从而实现了台湾地区保险业的全面开放。

台湾地区的保险业对大陆的开放始于 20 世纪 90 年代中期，台湾地区"财政部"于 1994 年 9 月 30 日正式批复"台湾地区与大陆保险业往来许可办法"，提出开放两岸之间保险业务往来。2000 年台湾地区"财政部"两次增订和修正了该"许可办法"，正式开放了台湾保险业赴大陆设立办事处。2004 年 4 月 19 日台湾地区"财政部"修订出台"许可办法"，允许台湾地区保险业以持股比例低于 25% 的参股投资方式，投资于大陆的保险公司（仅限于参股方式，并非设立于分支机构）。2008 年台湾实现第二次政党轮替，国民党重新执政，两岸进入一个大开放、大交流、大发展时代。两岸保险业交流合作进程加快，两岸保险业监管机构明确，要共同推动建立两岸保险监管合作平台，为台湾保险业以更有利的竞争优势进入大陆市场创造条件。

台湾地区对开放两岸证券业往来的相关规定主要集中体现在 1996 年"行政院"出台的"台湾地区与大陆地区证券及期货业务往来许可办法"中。2000 年台湾"行政院"进一步修订该办法，并开放证券商赴大陆设立办事处；此后台湾地区于 2003 年、2004 年和 2005 年又先后三次修订"许可办法"，2005 年修订后开放了台湾岛内的证券商赴大陆投资设立子公司。2008 年国民党重新执政，两岸证券期货业交流合作进程加快，2013 年 1 月 29 日，两岸证券期货业监管机构在台北召开"两岸证券期货监管合作平台会议"首次例会，确认了双方监管合作平台的具体内容和运作机制，初步同意在 ECFA 下扩大对台湾相关金融业务的开放。大陆资本市场已向台湾同胞全面开放，在台湾同胞可购买采用外币计价的大陆 B 股基础上，2013 年 4 月 1 日开放台湾同胞直接投资大陆 A 股。

（三）两岸金融合作机制

目前，两岸金融合作主要机制包括以下内容：

一是两岸签署了金融合作协议。2009 年 4 月 26 日，两岸签署《海峡两岸金融合作协议》（以下简称《协议》），内容涉及金融监督管理、货币管理以及其他合作事项。根据《协议》，由两岸金融监督管理机构就两岸银行业、证券及期货业、保险业分别建立监督管理合作机制，确保对互设机构实施有效监管。

二是两岸建立了金融监管合作机制。2009 年 11 月 16 日，两岸金融主管机关完成两岸银行、证券期货及保险三项《两岸金融监管合作备忘录》（MOU）的签署，同意未来两岸金融机构可互设分支机构、参股及经营跨境相关业务，并允许两岸监管机构在信息交换、机构设立、危机处置、人员交流等方面开展合作，以确保对互设的银行业金融机构实施有效监管，共同维护两岸银行业稳健发展。

三是两岸建立了货币清算机制。2012 年 8 月 31 日两岸货币管理机构签署了《海峡两岸货币清算合作备忘录》（MOU）。2012 年 9 月台湾地区指定台湾银行上海分行负责在大陆的新台币清算，2012 年 12 月 11 日，中国人民银行指定由中国银行台北分行担任台湾地区的人民币清算行，两岸清算机制再跨出重要一步。

第五章　京台现代信息服务业合作

　　信息服务业可根据信息产业发展的历史阶段分为传统信息服务业和现代信息服务业。传统信息服务业一般指在计算机广泛应用以前发展起来的信息服务业，主要是以文献信息为主体的信息服务和咨询服务，通常包括文献情报业、新闻出版业、邮政通讯业、广播电视业等。目前，国内外对现代信息服务业的界定没有达成统一的共识。一般而言，为了区别于传统的信息服务业，"现代信息服务业是指充分利用计算机、通信和网络等现代信息技术对信息进行生成、收集、处理加工、存储、检索和利用，为社会提供信息产品和服务的专门行业的集合体，主要包括信息传输服务业、信息技术服务业和信息内容业"。[①]

　　为了大陆信息服务业统计工作规范有序地进行，以便对信息产业及信息化的发展状况进行准确的定量分析，并能进行地区间和国际的比较，2004年年初，国家统计局以国家标准GB/T4754-2002《国民经济行业分类》为基础，以联合国的《全部经济活动的国际标准产业分类》第3.1版(ISIC/Rev. 3. 1)为参考，并结合大陆的实际情况，制定了《统计上划分信息相关产业暂行规定》。规定中明确定义了信息服务业相关分类，分为电子信息传输服务、计算机服务和软件业、其他信息相关服务。

---

① 国家信息中心、中国信息协会：《中国信息年鉴》，中国信息年鉴期刊社，2008年版。

一、京台现代信息服务业发展比较

（一）北京市信息服务业发展

1.北京现代信息服务业发展特点

近年来，北京市信息服务业快速发展，在国民经济中比重、贡献率逐年提高，急需规范北京市信息服务业标准，以便能深入分析信息服务业内部结构，准确获取信息服务业统计数据，满足政府和有关部门科学统一的全面规划和监测评价信息服务业发展的需要。因此北京市统计局、国家统计局北京调查总队联合制定了《北京市信息服务业统计分类》，本分类涉及《国民经济行业分类》（GB/T4754-2002）中信息传输、计算机服务和软件业，文化、体育和娱乐业2个行业门类、6个行业大类、17个行业中类和28个行业小类。将信息服务业划分为信息传输服务、信息技术服务和信息内容服务三大领域（见表5.1）。

表5.1　北京现代信息服务业统计分类

	电信	固定电信服务
		移动电信服务
信息传输服务	广播电视传输服务	有限广播电视传输服务
		无限广播电视传输服务
	卫星传输服务	卫星传输服务
	计算机服务	计算机系统服务
		数据处理
		计算机维修
信息技术服务		其他计算机服务
	软件服务	基础软件服务
		应用软件服务
		其他软件服务

信息内容服务	电信增值服务	其他电信服务
	互联网信息服务	互联网信息服务
	其他信息内容服务	广播
		电视
		电影制作与发行
		电影放映
		音像制作
		新闻业
		图书出版
		报纸出版
		期刊出版
		音像制品出版
		电子出版物出版
		其他出版
		图书馆
		档案馆

（1）总量规模不断扩大，内部结构趋于优化

北京市信息服务业的产业规模一直位居大陆前列，21世纪以来，一直保持了较高的增长率，逐渐形成了几个明显的信息服务业聚集区，带动了北京市信息服务业的高速发展。表5.2显示，从2006年到2015年，北京市信息服务业从848.3亿元增加到2780.3亿元，年均增长14.17%；同一时期，北京市地区生产总值从8117.8亿元增加到23014.6亿元，年均增长12.28%；北京市现代服务业增加值从3870亿元增加到13303亿元，年均增长14.70%。信息服务业占地区生产总值比重从2006年的10.39%持续上升至2015年的12.08%；信息服务业占现代服务业比重基本上稳定在21%左右，2015年为20.9%。

从各细分行业来看，信息技术服务业一直是主导产业，始终保持着领先的发展速度，产业规模从2006年的314.7亿元发展到2015年的1467.6亿元的规模，年均增长18.66%，引领了信息服务业的增长，在2013年以来一直占据信息服务业产值的大半壁江山。信息传输服务业产值波动中有增长，从2006年的

309.4 亿元增加到 2015 年的 429.7 亿元，年均增长 3.72%，增速相对缓慢，在信息服务业中所占比重也由此持续下降，从 2006 年的 36.67% 降至 2015 年的 15.46%。信息内容服务业产业规模基本保持较为平稳的快速增长势头，从 2006 年的 219.7 亿元增加到 883.1 亿元，年均增长 16.72%；信息内容服务业在信息服务业总产值中占比稳中有升，从 2006 年的 26.04% 上升至 31.76%，为信息服务业其他产业的发展奠定了坚实的基础。

表 5.2　2006-2015 年北京市信息服务业产业增加值（单位：亿元，%）

项目	2006	2007	2008	2009	2010	2011	2012	2013	2014	2015
GDP	8117.8	9846.8	11115.0	12153.0	14113.6	16251.9	17879.4	19800.8	21330.8	23014.6
现代服务业	3870.0	4933.1	5660.0	6264.7	7026.3	8311.3	9435.3	10751.5	11820.0	13303.0
信息服务业	843.8	1047.0	1195.2	1267.6	1445.3	1760.2	1940.9	2192.6	2434.1	2780.3
信息服务业占GDP比重	10.39	10.63	10.75	10.43	10.24	10.83	10.86	11.07	11.41	12.08
信息服务业占现代服务业比重	21.80	21.22	21.12	20.23	20.57	21.18	20.57	20.39	20.59	20.90

数据来源：根据相关年份《北京市统计年鉴》相关数据整理计算。

表 5.3　2006-2015 年北京市信息服务业产业内部结构（单位：亿元，%）

项目		2006	2007	2008	2009	2010	2011	2012	2013	2014	2015
信息传输服务业	增加值	309.4	375.6	265.7	319.6	309.4	371.3	355	354.7	429.8	429.7
	比例	36.67	35.87	22.23	25.21	21.41	21.09	18.29	16.18	17.66	15.46
信息技术服务业	增加值	314.7	407.8	616.5	620.8	734.1	879.9	960.7	1190.7	1274.9	1467.6
	比例	37.30	38.95	51.58	48.97	50.79	49.99	49.50	54.31	52.38	52.79

信息内容服务业	增加值	219.7	263.6	313	327.2	401.8	509	625.2	647.2	729.4	883.1
	比例	26.04	25.18	26.19	25.81	27.80	28.92	32.21	29.52	29.97	31.76

数据来源：根据相关年份《北京市统计年鉴》相关数据整理计算。

（2）软件业聚集发展优势明显

北京的软件与信息服务业已居大陆首位，是大陆的"软件之都"，是大陆最大的软件企业集聚地，有良好的集聚效应。在电子计算机及网络方面形成了包括研发、制造、销售、增值服务等在内的计算机产业链和包括研发、网络设备、网络、增值服务的网络产业链。

北京是大陆科技教育和人才资源最为密集的地区，是软件与信息服务业的人才中心。北京的高校数量、学生总数和软件从业人员等指标均居全国首位，拥有发展软件产业所必需的充足的高素质人才、行业专业知识。北京是大陆软件与信息服务业的市场中心。由于大陆的大部委和主要的央企、国企都集中在北京，这些单位推进信息化，形成了对软件与服务的巨大需求，巨大的市场需求和先进的信息基础设施，为软件产业的培育和壮大提供了肥沃的土壤。

北京市软件产业的发展呈现出多种特点。首先，软件业总量规模保持高位增长，规模领先优势明显；其次，骨干企业发展能力较强，软件出口额继续增长。骨干企业的迅速发展将逐步提高软件业产业集中度，进一步增强北京软件业竞争力；再次，产业政策落实效果良好，产业发展环境优化；最后，初步形成特色产业园区，集群效应日益凸显。产业布局集中度增加，中关村国家自主创新示范区核心区软件服务业收入占全市的82%，形成了石景山网络游戏软件、朝阳信息服务、密云数据中心、中关村软件园的软件出口等一批有特色的产业聚集区。

截至2013年年底，中关村软件园园区集聚了百度、腾讯（北京）总部、新浪总部、亚信科技、华胜天成、文思海辉、博彦科技、软通动力、中科大洋、启明星辰、中核能源、广联达等277家国内外知名软件企业总部和全球研发中心，总产值达1213亿元，总部在园的中国软件百强企业7家、收入过亿企业38家。企业共获国家级科技进步奖38项，其中国家科技进步奖特等奖1项，国家科技进步奖一等奖6项，科技成果转化228项。

（3）物联网、互联网服务业发展迅速

近年来，大陆物联网技术标准加快发展以及互联网创新应用为信息服务业发展孕育了新的需求增长。物联网方面，北京市相关技术在智能医疗、智能交通、智能家居、智能物流等领域的成熟应用，有助于其在全国更大范围地推广。云计算方面，北京市作为创新试点示范城市，将率先加强在搜索引擎、数字内容、电子政务、中小企业信息化等领域的应用，从而为下一步市场的广泛应用储备技能。

互联网应用方面，移动电子商务、互联网电视等商业、通信、互联网融合发展将不断丰富信息服务业的业态。互联网服务业在信息内容产业中扮演着非常重要的角色。随着互联网服务业的不断发展，互联网为人们获取信息、从事经济活动和政务活动提供了极大的便利，利用互联网能够比较容易建立起低成本、高效益的自助化、跨区域信息服务平台，服务业开始逐渐向互联网延伸。

网络应用娱乐化现象凸显。前七位网络应用的使用率依次是网络音乐、网络新闻、搜索引擎、即时通信、网络游戏、网络视频和电子邮件，可见互联网娱乐功能已成为拉动网民快速增长的因素之一。

（4）区域分布集中、行业集聚特征明显

在信息服务产业布局方面，目前已形成"相对集中、手段先进、体系完善"的几大信息科技产业园区，其中中关村科技园区、北航科技园区、上地信息技术产业基地、北京经济技术开发区几个行业核心区，发挥了良好的产业集聚效用。优良的创新创业环境使信息服务业发展具备了良好的竞争优势。

从信息服务业集聚发展情况看，主要集中在海淀区。《北京市十三五时期软件和信息服务业发展规划》显示，海淀区贡献了全市软件和信息服务业六成收入，同时是软件创新创业孵化最为活跃的地区。其他区的信息服务业发展各具特色，朝阳区成为跨国总部和通信产业的聚集区；东城区和西城区信息传输业、丰台区嵌入式行业应用软件、石景山区文化创意和游戏动漫产业、亦庄开发区云计算等齐头并进；顺义区大力引进骨干企业，实现突破发展。

2.北京信息服务业发展存在的问题

北京市信息服务产业规模虽然在大陆处于领先地位，但与国际发达国家相比还存在较大差距。除了软件外包业务外，软件产品市场几乎都在国内。信息服务业发展不均衡，从业企业众多，但是规模和实力普遍不强，缺少拥有国际竞争力的龙头企业和知名品牌，难以真正在国际竞争中占据高地。

（1）多部门管理

由于历史原因形成的政策壁垒导致管理部门的条块分割，从而产生对信息服务业的管理政出多门的现象。从横向看，市信息办、市科委、市发改委、市商务局、市委宣传部、文化局、版权局、中关村管委会都在自己的职责范围内管理北京的信息服务业。从纵向看，同一个部门中又有几个单位在管理信息服务业，如北京市科委下面有北京软件与信息服务业促进中心、北京现代服务业科技促进中心、北京生产力促进中心、北京技术交易中心、北京创业服务中心等几个专业性的推动服务业发展的直属机构，它们也都涉及信息服务业。这样导致信息服务业的推动工作出现了一定程度的纵向和横向交叉，形成了条块分割的状态。

（2）区域合作基础相对薄弱

相对于长三角和珠三角而言，北京与周边地区企业之间的区域合作基础相对较为薄弱，尚未形成有效的区域间产业协作机制。环渤海区域间的合作基础相对长三角和珠三角地区而言仍较为薄弱，产业发展协作机制尚未健全。

2015年8月出台了京津冀协同发展的顶层设计规划，明确了以"一核、双城、三轴、四区、多节点"为骨架。"一核"即指北京。把有序疏解北京非首都功能、优化提升首都核心功能、解决北京"大城市病"问题作为京津冀协同发展的首要任务。"双城"是指北京、天津，这是京津冀协同发展的主要引擎。"三轴"指的是京津、京保石、京唐秦三个产业发展带和城镇聚集轴，这是支撑京津冀协同发展的主体框架。"四区"分别是中部核心功能区、东部滨海发展区、南部功能拓展区和西北部生态涵养区，每个功能区都有明确的空间范围和发展重点。"多节点"包括石家庄、唐山、保定、邯郸等区域性中心城市和张家口、承德、廊坊、秦皇岛、沧州、邢台、衡水等节点城市，重点是提高其城市综合承载能力和服务能力，有序推动产业和人口聚集。

北京的土地、水、电及劳动力等成本与其他地方相比偏高，使得计算机制造、集成电路制造等信息产业在北京的发展并无明显优势，使产品成本在竞争中丧失优势。按照京津冀协同发展规划，可以把在北京失去成本优势的信息服务业进行迁移。

（3）产业政策法规建设相对滞后

首先，北京市现有的产业政策不能满足信息服务业的发展需要，如针对软件企业的双软认定政策，没有明确反映出对IT服务业的扶持，许多IT服务型企业因此不能享受到国家在税收上的优惠政策。其次，北京市信息服务业在数字内容的知识产权保护、互联网信息网络传播权、著作权等方面的相关法律法规的不健全，严重影响了信息服务业的发展。第三，北京市在电信增值服务、数字出版、电子商务、空间信息服务等领域技术标准和行业规范制定完善的进程缓慢，制约了新业务的拓展，例如在数字出版领域，由于文件格式不同，导致所采用的阅读器软件也是多种多样，使得普通读者难以适从，影响了数字出版市场的扩张。

（二）台湾现代信息服务业发展现状

依据台湾地区"行政院主计处"台湾行业标准分类（第10次修订版），信息服务业主要指的是传播及资通讯服务业，具体的细分行业类别如表5.4所示。

表5.4　台湾信息服务业主要范围

广播、电视节目编排及传播业	广播业
	电视节目编编排及传播业
电信业	有线电信业
	无线电信业
	其他电信业
电脑程式设计、咨询及相关服务业	电脑程式设计业
	电脑咨询及设备管理业
	其他电脑相关服务业
资讯服务业	入口网站经营、资料处理、主机及网站代管服务业
	其他资讯服务业

资料来源：台湾"行政院主计处"，台湾行业标准分类（第10次修订版）整理。

1. 台湾资讯产业发展现状

台湾资讯产业包括以计算机、通信设备和信息家电为主体的硬件制造业集成电路制造业以及资通讯服务产业。近30年来，台湾资讯产业获得了长足发展，技术与产值在世界电子信息产业中处于举足轻重的地位，成为带动台湾经济发展的支柱产业。

114

　　台湾资讯硬件产业主要包括笔记本和台式计算机、PC 机主板、服务器、光盘机、CDT 监视器、LCD 监视器、数码相机和投影仪等 9 类产品。台湾资讯产业是典型的外向型产业，其发展主要依托于以美国和日本为代表的国际市场。台湾资讯产业对于海外技术、资本、市场都有很强的依附性。按照台湾宏基公司董事长施振荣提出的"微笑曲线"，在整个信息产业价值链中，研发创新与品牌服务分居附加值最高的两端。中间环节的生产制造附加价值最低。而在生产制造环节，软件、中央处理器及半导体元件又处于附加值较高的地位，而个人电脑系统则处于整个价值链的最低端。长期从事专业代工的台湾信息行业众多的中小企业，只专精于制造生产，本身也欠缺研发创新以及行销和服务的实力。这使得台湾在国际信息产业价值链上，所占据的只是附加值最低，仅赚取"打工费"(OEM) 和少量设计费 (ODM) 的生产制造环节，在国际信息产业分工体系发生变化后，台湾的代工生产和设计模式已不具优势。

　　在大陆的台资企业多为欧美品牌公司的代工厂，台资企业在应用技术研发和运营管理、营销策划等方面较之大陆企业具有更高水平，但与欧美公司相比，缺乏关键核心技术或自主品牌，大陆的台资电子产品制造厂总体仍集中在加工、组装及中低技术含量的零部件制造，处于"微笑曲线"的低端。近年大陆土地和劳动力成本上升，部分代工利润呈现微利化，使得大陆台资企业向价值链更高的技术研发环节攀升。两岸企业技术研发合作不断增多，但两岸在世界分工体系中均处于较低端，经贸合作的技术水平和层次结构有待继续优化。台湾仍持有核心技术研发、品牌运营管理等高附加值环节，对大陆构成较明显的竞争优势。

　　台湾通过成立策略联盟的形式发展信息服务业及新兴产业。台湾在新兴产业相关产业联盟或推动机构如下：台湾计算机硬件领域的主要研究及推动机构为工研院，软件与信息服务为资策会，商业流通物流为商研院，生物技术为生物技术开发中心，汽车电子为车测中心等。产业公协会主要有电子电机公会、台北市计算机公会、信息软件协会等，它们也扮演产行业推动者与沟通者角色（详见表 5.5）。

表5.5　台湾主要产业推动机构

产业领域	产业发展主要推动机构／联盟
通讯网络相关	电电公会（下设有资讯产业联盟）
物联网	台北市计算机公会（下成立物联网应用联盟）
电子商务	资策会创研所 电子商务信赖安全联盟、台湾网络消费协会 台湾网络暨电子商务产业发展协会等
软件／信息服务	信息软件协会
数位内容	台北市计算机公会（游戏产业振兴会、数字内容创意产业发展联盟）
生物技术	财团法人生物技术开发中心／生物产业发展协会 台湾生技产业联盟
面板	财团法人光电科技工业协进会 工研院显示中心 台湾TFT-LCD显示器产业协会／台湾平面显示器材料与组件产业协会
集成电路	台湾半导体产业协会、台湾光电半导体产业协会

资料来源：中关村管委会、台湾拓墣产业研究所：《中关村台资企业及在台中关村企业调研分析报告》。

2000年以来，台湾资讯服务业发展已经进入缓速成长阶段。表5.6显示，2001年到2015年，资讯及通讯传播业增加值从新台币4029.38亿元增长到4866.29亿元，年均增长1.36%。从细分行业看，传播业增加值从新台币857.69亿元增长到1210.39亿元，年均增长2.49%；电信业增加值从新台币2372.34亿元下降到2236.50亿元，年均成长-0.42%；相对而言，资讯业增长较快，从799.35亿元增长到1419.40亿元，年均增长4.19%。台湾资讯服务业整体上成长缓慢，一方面是其发展已经从快速成长阶段进入成长相对缓慢的成熟阶段；另一方面，也说明信息服务业的发展也受到岛内狭小市场空间的约束，难以实现更大的突破。

表 5.6 2001–2015 年台湾资讯及通讯传播业发展情况（单位：新台币亿元）

产业名称	2001	2002	2003	2004	2005	2006	2007	2008
资讯及通讯传播业	4029.38	4031.78	4133.12	4195.03	4215.43	4268.95	4467.41	4546.57
传播业	857.69	861.52	901.90	947.24	973.88	971.59	1013.69	1029.96
电信业	2372.34	2350.49	2375.61	2355.57	2317.79	2259.62	2265.52	2269.47
资讯业	799.35	819.77	855.61	892.22	923.76	1037.74	1188.20	1247.14
产业名称	2009	2010	2011	2012	2013	2014	2015	年均增长
资讯及通讯传播业	4539.45	4654.19	4617.81	4620.34	4674.49	4775.21	4866.29	1.36%
传播业	1084.84	1140.47	1158.75	1133.05	1143.76	1183.64	1210.39	2.49%
电信业	2218.17	2248.58	2234.80	2212.51	2191.79	2190.32	2236.50	-0.42%
资讯业	1236.44	1265.14	1224.26	1274.78	1338.94	1401.25	1419.40	4.19%

数据来源：自台湾地区统计资讯网查询。

2. 高科技产业与信息服务业融合发展

制造业服务化已经成为国际产业发展趋势。制造业服务化或制造业与服务业的融合已经成为全球产业发展的趋势，正深刻影响着国际分工的发展。自 20 世纪 80 年代开始，服务作为中间投入要素在制造业中的比重不断上升，服务与制造趋于融合，两者的区别日益模糊。

台湾的制造业以 IT 产业为代表，在国际分工中占有重要地位，然而台湾企业替跨国公司代工生产的模式没有得到根本的改变，台湾经济专注于制造业导致服务业发展相对弱化。为扭转这一局面，台湾在 2010 年提出将"制造业服务化，服务业国际化科技化"作为其产业结构转型策略，并在 2012 年 10 月核定的"台湾产业结构优化——三业四化行动计划"[①] 中，进一步明确了"制造业服务化、服务业科技化及国际化、传统产业特色化"的产业结构优化策略及具体做法，期望通过制造业和服务业的融合实现 1+1>2 的综合效果。高端服务业的优势就在于能够引领高新技术产业和先进制造业，形成分工配套的产业链，推动制造业从代工向自有品牌发展，实现产业结构的优化升级。具体到资讯产业，

① 《台湾产业结构优化——三业四化行动计划》，台湾"经济部工业局"网站，参见 http://www.moeaidb.gov.tw/external/ctlr?PRO=policy.PolicyView&id=2007。

产业升级的重要路径就是资讯工业与资讯服务业的融合发展。

二、京台现代信息服务业合作现状分析

（一）台商在北京投资现代信息服务业概况

京台信息产业合作的主要领域有三个。一是通讯产业。在通讯领域，北京企业具有市场和应用型研发优势，台湾企业具有制造和原材料研发优势，加强京台通讯产业的全方位合作可以实现双赢。二是半导体产业。台湾信息产业最具竞争力的是半导体制造，其中集成电路和液晶面板是台湾仍然领先大陆的高新技术产业。集成电路制造和液晶面板项目是高技术、高投入、高产出项目，倍增效应明显。两岸液晶面板业合作潜力巨大，台湾生产液晶面板的两大龙头企业——友达与新奇美的世界市场占有率合计达34%。三是软件和信息服务业。台湾的软件和服务的研发、设计、营销、服务等环节在产业价值链上的地位更为突出，特别是信息技术增值服务收入一直保持高速增长。随着两岸金融与流通业对信息软件需求量的猛增，软件外销的增长及电子信息服务业及网络应用业的普及，台商在北京投资现代信息服务业前景看好。

京台现代信息服务业合作的主要形式是台商在北京投资。截止到2015年，台湾"经济部投审会"核准台商对北京市信息服务业投资金额合计26136.7万美元。分年度看（见图5.1），从1991年到2006年累计为10912.5万美元；2006年之后，投资金额最多为2010年，达到3575.8万美元。从信息服务业内部细分行业看（见图5.2），台商在北京信息服务业投资的重点是电脑系统整合、电脑系统设计、电脑软件设计、资料处理、网站代管、入口网站经营等领域。其中，在电脑系统整合服务业投资金额最多，为7738.3万美元，占29.6%；在其他电脑系统设计服务业投资金额居第二位，为3624.6万美元，占13.9%；在电脑软件设计也投资3361.6万美元，占12.9%；在资料处理、网站代管及相关服务业投资3092.3万美元，占11.8%；在入口网站经营领域投资2700万美元，占10.3%；在其他信息服务业领域投资合计5619.9万美元，占21.5%。

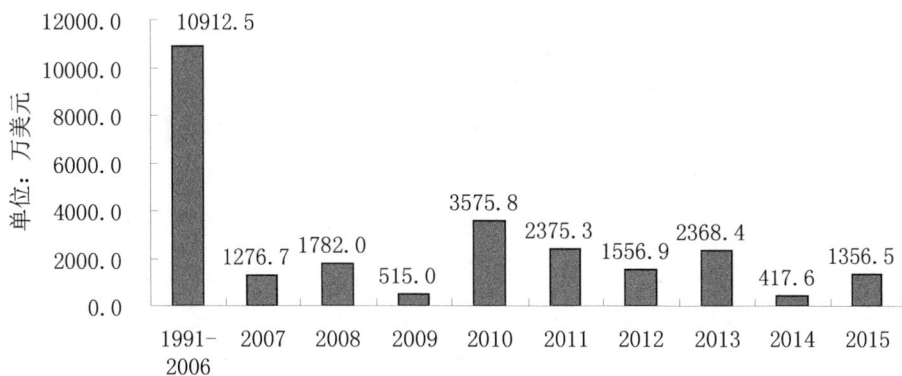

图 5.1　1991–2015 年台商对北京市信息服务业分年度投资

数据来源：根据台湾"经济部投审会"统计数据整理计算绘制。

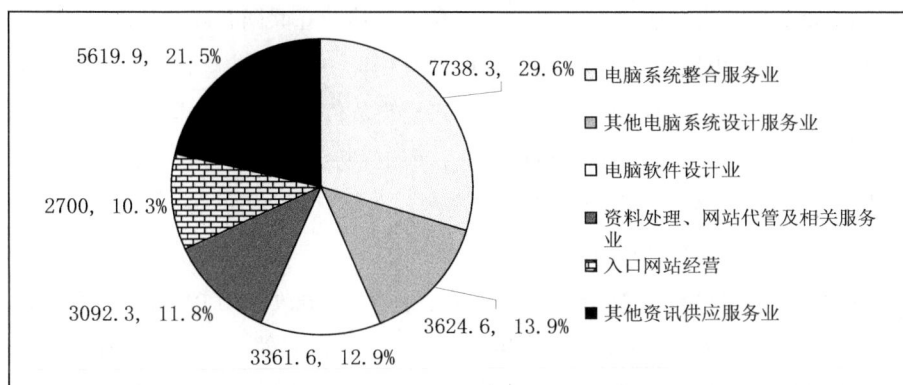

图 5.2　1991–2015 年台商对北京市信息服务业分行业投资

数据来源：根据台湾"经济部投审会"统计数据整理计算绘制。

　　显然，台商在北京市信息服务业投资的重点是基于计算机技术的系统整合、系统设计和软件设计服务业，这也是京台信息服务业合作的重点所在。

（二）中关村台资信息服务业企业发展情况

　　课题组对台商投资北京信息服务业情况做了深入调研，通过调研得知，台商在北京信息服务业的投资区域主要集中在北京城市功能拓展区，尤以中关村最为集中。

1. 中关村软件和信息服务业在大陆的地位

作为大陆的高科技产业高地，中关村掌握着大量软件关键技术，覆盖全产业链。在基础软件方面，中科方德、友友天宇等拥有自主研发的操作系统，人大金仓的国产数据库逐步打破国外垄断，东方通的中间件广泛应用于金融、通信、政府、军工等行业。在应用软件方面，用友软件是亚太最大管理软件提供商，超图软件是亚洲最大的地理信息系统平台软件厂商，启明星辰是大陆领先的网络安全产品提供商。在系统集成和运营方面，荣获系统集成特一级资质的中软集团、太极集团和方正、同方、神州数码、华迪、中科软、东华等都是系统集成和应用开发平台的领军企业，在电信、能源、金融、医疗、政府等重要领域承担大量信息化建设项目。

中关村企业以软件技术为核心，加快与硬件技术的融合和服务的创新，在新一代信息技术领域，申请专利近两万件，创制了近40项国际标准，聚集了行业内近80%的龙头企业，形成下一代互联网、移动互联网和新一代移动通信、卫星应用、集成电路设计四大产业集群。2013年，中关村共有软件和信息服务业企业5700余家，总收入4049.9亿元，占全市软件和信息服务业的82.6%。

中关村企业基于在信息化软件技术方面的优势，推动信息系统和互联网与行业深度融合，全面带动制造、零售、金融、文化、公共服务等产业升级。

2. 台商在中关村投资基本情况

在京台资科技企业675家（含企业及办事处/代表处），在中关村约450家，其中较有活力台资科技类企业计324家，办事处/代表处8家。中关村台资高新技术企业共81家。其中25家取得国家认证及中关村认证，3家取得国家认证，53家只取得中关村认证。

在北京台资企业主要分为以下几类：第一类为台湾母公司转投资的子公司，此类由公司主导的投资以独资比例较高。第二类为个人名义前往北京投资的公司，其中包含独资企业或合资企业。随着时间进展，公司经营也发生变化，比如部分企业早期由台资主导，逐渐转变为由陆资主导，或上市后成为大众公司，台资在其中仅为小股东。

中关村台资高新技术企业依照技术领域分布，以电子与信息技术类企业最多，占64%，与台湾产业特性相符，其次是先进制造技术占9%，生物工程/新药技术占6%，新材料与应用技术占5%等。

2011年中关村主要台资科技类企业以产业类家数分布，从事硬件研发、制造及自有品牌销售的企业占 21%，从事系统整合的企业占 18%，从事软件 / 游戏 / 研发销售的企业占 16%，从事通路及销售为主的企业占 11%，从事软件研发和销售的企业占 9%，生物医药类企业占 9%，其他较少。

从统计资料中可以看出台资企业从事品牌销售、软件研发、通路销售的占多数，代工家数极少，与长三角及珠三角地区业态有较大区别。

早期台湾企业主要是利用招商引资的优惠政策及比较低的土地和劳动力成本，但随着北京经济结构的调整和转型升级，以及环保意识的提高，台湾企业也积极转型，由降低成本型投资转向寻求进入本地市场型投资。台湾企业从早期 PC、游戏产业进入北京，转为 IC 设计产业、生产技术产业、通路产业等，由信息产业链的低端投资向高端投资发展。台湾数家大型企业如鸿海、广达、纬创、和硕等近年来在北京设立电子商务、云计算、设计公司等创新企业是典型案例。

台湾重量级大型企业入驻中关村的有鸿海、威盛 / 宏达电、联强国际三家企业。其中鸿海为台湾第一大民营企业，威盛 / 宏达电电子集团为全球主要智能手机发展企业，联强国际为东南亚最大 ICT 产品通路商。创新型企业有联发科、研华北京、台达电北京、纬创软件北京、乐升北京 、光涛互动、北京蒙恬科技、飞虎乐购电子商务（北京）等。

三、京台现代信息服务业合作中政府与市场的关系

在京台信息服务业发展及合作过程中，市场是最根本的因素；同时政府通过产业扶持政策和搭建相关合作平台等方式也发挥了重要作用。

（一）政府以产业政策支持信息服务业发展

1. 北京市支持信息服务业发展的主要政策

北京市一直高度重视信息服务业的发展，并通过规划、指导意见等政策文件促进信息服务业的发展。《北京城市总体规划（2004—2020 年）》提出了"加快建设信息社会，广泛应用信息技术、大力发展信息服务业，建设'数字北京'，社会信息化各项指标达到与现代国际城市相适应的水平"。2010 年 4 月，北京市人民政府印发了《北京促进软件和信息服务业发展的指导意见》。"十二五"期间，北京市信息产业的发展重点是：落实一批重大工程，突破关键核心技术，

拓展信息产业应用领域，完善重点方向产业链，培育产业核心竞争力。重点实施第三代移动通信的研发及产业化，加强软件和信息服务业培育；开发推广计算机及互联网产业；进行平板显示产业的升级改造、集成电路产业链建设、交互式高清晰数字电视普及、文化创意产业培育、物联网产业应用示范推广。

2016 年 8 月，北京市经信委发布《北京市十三五时期软件和信息服务业发展规划》，该规划提出北京市"十三五"时期软件及信息服务业发展的目标是："到 2020 年，进一步巩固并提升软件和信息服务业在全市经济发展中的支柱地位，基本形成与科技创新中心功能定位相适应的创新型产业发展格局，打造'数据引领、软件定义、应用带动'的融合型产业生态，基于互联网的数据服务、信息服务、内容服务走在全国前列，软件和信息服务驱动产业转型升级、改进完善社会服务、提升政府治理能力的引擎作用显著发挥，使北京成为国家新一代信息技术创新中心、先行示范基地和应用辐射之源，成为具有世界影响力的软件创新名城。"提出的战略任务包括实施"云网端"一体化的大数据引领战略、实施产业跨界融合升级的大软件驱动战略和实施服务信息社会建设的大应用带动战略；重点行动包括新型产业生态圈培育行动、祥云工程 3.0 升级行动、京津冀大数据综合试验区建设行动、自主可控技术创新行动、两化融合强基行动、开源软件系统推广行动、知识产权和标准创新突破行动、产业国际化拓展行动等 8 项重点行动。① 2016 年 12 月，北京市政府印发《北京市"十三五"时期信息化发展规划》，提出："以完善信息基础设施、构建信息惠民体系、推进城市智慧管理、培育融合创新生态为重点，全面推进大数据、物联网、云计算等新一代信息技术在民生服务、城市治理、产业升级等重点领域的深度融合和创新应用。"②

2. 台湾支持信息服务业发展的主要政策

台湾信息产业的发展起始于 20 世纪 80 年代初。早在 1982 年，信息产业被台湾当局列为重点发展的"策略性产业"之一。随后在 1991 年，又被"六年国建计划"列为"十大新兴产业"之一。台湾当局制定了两份信息产业发展计划。1980 年，"经建会"颁布"资讯工业部门发展计划 (1980—1989)"，针对当时台

---

① 北京市经济和信息化委员会：《北京市"十三五"时期软件和信息服务业发展规划》，2016 年 8 月 11 日，北京市政务网，http://zhengwu.beijing.gov.cn/gh/dt/t1444866.htm。

② 北京市人民政府：《关于印发〈北京市"十三五"时期信息化发展规划〉的通知》，2016 年 12 月 1 日，北京市政务网，http://zhengwu.beijing.gov.cn/gh/dt/t1462004.htm。

湾信息产业发展现状，有针对性地设定了发展目标，即全力发展电脑有效应用，开创岛内市场，以扶植信息产业发展；厚植信息技术能力，并拓展为输出产业。

1989 年，"经建会"颁布了"资讯工业部门发展计划 (1990—2000)"，设定的发展目标分为信息化目标、信息产业营收目标、人力目标、研发投资四个方面。在政策措施的推动之下，台湾信息产业迅猛发展，信息产业已经成为台湾最有竞争力的产业，在台湾经济中占有重要地位。

2002 年，台湾"行政院"提出"挑战 2008 国家发展重点计划"，将信息服务业纳入产业高值化计划中四大新兴服务业（研发服务产业、信息服务业、流通服务产业、照顾服务产业）之一，以期将信息服务产业发展为高品质、高应用、高创意的知识服务产业，转型成为具外销竞争力之产业，进一步达到提高台湾制造业与其他服务业的整体竞争力的目的。

2009 年，台湾"总统府财经咨询小组"提出以美食国际化、国际医疗、音乐及数位内容、会展产业、国际物流、高科技及创新产业筹资中心、都市更新、WiMAX 产业、华文电子商务、高等教育输出等 10 项重点服务业，作为未来推动服务业起飞的发展方向。其中，WiMAX 产业属于信息服务业范畴。

（二）行业协会及政府搭建平台促进信息服务业交流合作

1. 两岸信息技术和技术标准论坛

自 2005 年开始，由中国电子工业标准化技术协会、中国通信标准化协会和华聚产业共同标准推动基金会共同主办的"海峡两岸信息产业和技术标准论坛"在两岸轮流举行，迄今已经在北京、南京、重庆、福州、长沙、西安、哈尔滨、台北、新北等地连续举办 13 届，累计达成了 353 项共识，已经成为海峡两岸信息产业和技术标准合作的重要平台和品牌。表 5.7 给出了历届论坛的基本情况，从中可以看出，两岸在推动电子信息产业共通标准上已经并取得实质性进展，目前共发布 45 项共通标准。

表 5.7　历届海峡两岸信息产业和技术标准论坛

届别	举办时间	举办地点	议题涉及领域	取得的主要成果
第一届	2005 年 7 月 5—6 日	北京	AVS、TD-SCDMA、移动存储、高清晰度平板显示	共同建立长期交流机制；两岸企业就 TD-SCDMA 产业化和共同推进后续研发、平板显示技术测试标准与测试平台的合作，以及 AVS 研发合作等方面达成了初步共识。
第二届	2006 年 5 月 10—11 日	台北	TD-SCDMA、AVS、移动存储、平板显示、绿色电源、半导体照明	新开辟绿色电源和半导体照明领域的交流合作；在平板显示、数字音视频编解码、移动存储等领域探讨了有关知识产权处置问题并形成了有关共识。
第三届	2006 年 10 月 10—15 日	南京	IPTV、绿色能源、移动存储、平板显示、半导体照明、TD-SCDMA、AVS	两岸企业在联合制定技术标准、联合建立标准测试平台、共同开展技术标准的产业应用推广等方面取得了进展。
第四届	2007 年 7 月 11—12 日	台北	半导体照明、AVS、TD-SCDMA、绿色电源、移动存储、平板显示、IPTV	在 TD-SCDMA 合作方面达成了四点共识，在 IPTV 交流合作方面达成了三点共识。
第五届	2009 年 2 月 26—27 日	重庆	AVS（第二代信源编码标准）、绿色电源、TD-SCDMA、移动存储、TFT-LCD、半导体照明、IPTV	在七个领域共达成"两岸业界共同推动 TD-SCDMA 终端产品的进一步成熟，促进更多台湾企业参与 TD 终端产业链的生产、研发"等 23 项共识。
第六届	2010 年 11 月 24—25 日	台北	TD-SCDMA 及演进技术、IPTV 和互动媒体、LED 半导体照明、平板显示技术、移动存储、绿色能源	达成包括"深化目前两岸在 TD-SCDMA 终端、芯片等领域的合作，研究 TD-SCDMA/WCDMA 混合组网技术可行性"在内的 26 项共识。

第七届	2011 年 10 月 24—25 日	福州	AVS、移动存储、宽带无线移动通信技术、TD、平板显示技术、半导体照明、三网融合、太阳能光伏、锂离子电池、汽车电子、泛在网 / 物联网	达成包括"支持两岸芯片企业进一步在 TD 核心技术研究与产业化开发方面展开深入合作，共同开发多样化 TD 终端"在内的 30 项共识。
第八届	2012 年 6 月 17—18 日	台北	TD、三网融合、泛在网 / 物联网、平板显示技术、半导体照明、锂离子电池、太阳能光伏、汽车电子及 AVS-DRA、移动存储	共达成包括"共同推动 TD-SCDMA 芯片、终端产品的进一步繁荣及 TDD/FDD 双模终端网络验证、测试环境建设等产业化发展""合作开展 TD-LTE 终端测试和业务互通测试等工作"在内的 30 项共识。
第九届	2012 年 9 月 7—8 日	长沙	TD、半导体照明、平板显示、锂离子电池、太阳能光伏、汽车电子、三网融合、泛在网 / 物联网	签署关于推动 4G/TD-LTE 共通标准制定合作和试验室建设合作的备忘录，发布 9 项共通标准；共达成 27 项共识。
第十届	2013 年 10 月 21—22 日	台北	网络演进、移动通信与移动互联网、服务应用、半导体照明、平板显示技术、太阳能光伏、云计算、锂离子电池、汽车电子	对外公布了 4G/TD-LTE、平板显示、太阳能 3 个领域的 12 项信息产业共通标准，达成 29 项共识，并签署 LED 路灯及台灯标准合作协议。
第十一届	2014 年 8 月 21—22 日	西安	半导体照明、平板显示技术、太阳能光伏、锂离子电池、汽车电子、云计算、移动通信 / 移动互联网、网络演进、服务应用	公布了半导体照明、平板显示技术及太阳能光伏 3 个领域的 10 项共通标准（含修正 1 项），签署 4 个备忘录，达成 30 项共识。
第十二届	2015 年 9 月 22—23 日	新北	半导体照明、平板显示技术、太阳能光伏、锂离子电池、汽车电子、云计算、移动通信、网络演进、服务应用	公布了 8 项共通标准和《海峡两岸云计算产业应用案例汇编》，签署 1 个备忘录，达成 32 项共识。

| 第十三届 | 2016年9月6—7日 | 哈尔滨 | 半导体照明、平板显示技术、太阳能光伏、锂离子电池、汽车电子、云计算、移动通信、网络演进、服务应用、智能制造、传感测器 | 公布了半导体照明、太阳能光伏及云计算3个领域的7项共通标准和《海峡两岸云计算产业应用案例汇编2.0版》,签署2个备忘录,达成33项共识。 |

资料来源:本研究根据公开资料整理。

备注:AVS指数字音视频编解码标准,TD-SCDMA指大陆推出的第三代移动通信技术,TFT-LCD指高清晰度平板显示技术,IPTV指交互式网络电视,TD-LTE指大陆推出的第四代数字蜂窝移动通信业务。

以最近一次在哈尔滨召开的第十三届论坛为例,共有500多位来自两岸的信息产业专家学者、企业代表和各方面人士参加,双方围绕半导体照明、平板显示技术、太阳能光伏、锂离子电池、汽车电子、云计算、移动通信、网络演进、服务应用、智能制造10个专业技术领域,标准合作机制、技术标准制定、产业化合作等问题进行了深入探讨,并最终达成33项共识;并召开传感测器工作组会议。在取得的成果方面,论坛组委会公布了半导体照明、太阳能光伏、云计算等3个领域的7项两岸共通标准和《海峡两岸云计算产业应用案例汇编2.0版》,签署了《海峡两岸推动智能制造共通标准制定合作备忘录》和《海峡两岸推动5G合作备忘录》。

2. 京台科技论坛

自1998年开始,北京市创办京台科技论坛,作为京台两地包括现代服务业在内的诸多高端产业对接合作的平台,迄今已经举办19届,双方交流领域已经涵盖智慧城市、汽车电子、云计算、智能可穿戴设备、信息消费、生技医材、金融、文创、生态创意农业、智能交通、建筑科技、智能机器人等领域,其中云计算、信息消费等属于信息服务业产业范畴。

新近一次论坛于2016年11月在台北举行,论坛活动包括金融合作、建筑科技、互联网+、人才发展、智慧型机器人产业、云计算、农业合作、社区医疗等10场专题论坛和两个专场活动,也促进了两地在信息服务领域的交流合作。

（三）市场主体的优势互补是双方合作的关键

1.京台两地发展互联网信息经济的优势互补效应

表5.8显示，2009年以来，京台两地互联网用户数和上网人数都有比较明显的增加，为两地互联网经济的发展奠定了坚实基础。2009至2014年，北京固定互联网宽带用户数先是从451.7万户增加到2012年的572万户，年均增长8.19%；2012年以后移动互联网的快速发展替代了固定互联网的发展，固定互联网的用户数略有下降，但到2014年年底仍维持在550万户以上的规模。2009至2014年，台湾互联网宽带账户数从499.77万户持续上升至743.66万户，年均增长8.27%。从互联网上网人数看，2009至2015年，北京从1103万人增加至1647万人，年均增长6.91%；台湾从1582万人增加至1883万人，年均增长2.95%。根据中国互联网络信息中心发布的《第37次中国互联网络发展状况统计报告》，截至2015年年底，北京互联网普及率达到76.5%，在大陆31个省市中居首位；而根据台湾网络资讯中心在2015年8月27日公布的2015年台湾宽频网络使用调查数据，2015年台湾互联网普及率达到80.3%。

表5.8　2009-2015年京台两地互联网用户增长情况

年份	北京		台湾	
	固定互联网宽带用户接入户数（万户）	上网人数（万人）	互联网宽带账户数（万户）	上网人数（万人）
2009	451.7	1103	499.77	1582
2010	545.6	1218	531.16	1622
2011	523.4	1379	551.59	1695
2012	572.0	1458	644.88	1753
2013	534.7	1556	701.19	1798
2014	552.7	1593	743.66	1764
2015	——	1647	——	1883

数据来源：北京数据来自2010—2015年《北京市统计年鉴》，2015年上网人数数据来自《第37次中国互联网络发展状况统计报告》；台湾互联网宽带账户数数据来自《台湾统计年鉴2014》，上网人数数据来自台湾网络资讯中心；"——"表示数据无法获取。

从互联网经济发展情况看，京台两地都已具有相当的规模。北京是大陆最早发展互联网经济的地区，也是互联网经济发展的引领者。根据商务部遴选出的 2013—2014 年度电子商务示范企业 100 强名单，北京市有 12 家电商企业进入，居第一位。资料显示，到 2015 年，北京电子商务的产业规模已经支撑起将近 80% 的经济增量。另据《北京市统计年鉴 2015》的数据，2014 年北京市与互联网经济密切相关的信息产业增加值达到 3172.2 亿元，占地区生产总值的 14.88%，对当年经济增长的贡献率为 20.72%。台湾方面，根据相关统计数据计算，2014 年与互联网经济密切相关的信息产业（台湾又称 ICT 产业，包括电子零组件制造业、电脑电子产品及光学制品制造业、电信业、资讯业）增加值达到 26763 亿新台币，占地区生产总值的 16.73%；但台湾受法规僵化等因素影响，第三方支付发展迟滞，在电子商务领域的发展已经明显落后于大陆，距离北京的差距更是明显。

从互联网经济发展态势看，根据《北京市人民政府关于积极推进"互联网+"行动的实施意见》，未来将积极培育基于互联网的新技术、新服务、新模式和新业态，重点将互联网与金融、商务、制造、文化、能源、农业、城市交通、公共安全、生态环境、社会管理、教育、医疗、养老、旅游以及创新创业等领域深度融合。台湾则希望通过《生产力 4.0 发展方案》的实施，将物联网、大数据和智能机器人等技术全面应用到产业领域，打造高值、敏捷、人性化的智慧农业、智慧制造及智慧商业服务业。可以预见，互联网将全面渗透到两地的各个产业领域，并主导两地未来的经济发展。

综上分析，北京互联网经济发展的优势在电子商务领域，台湾互联网经济发展的优势在其完善的网络基础设施和根基雄厚的 ICT 产业；两地互联网经济发展都拥有规模庞大的网络用户作为支撑，尤其是北京更有大陆 6.88 亿网民为依托，有巨大的市场潜力和发展空间。总体而言，京台两地互联网经济具有坚实的发展基础、良好的发展条件和广阔的成长空间，还具有很强的互补性，这决定了两地在该领域可实现优势互补合作。

2. 京台两地信息服务企业在中关村的优势互补合作

京台两地电子信息产业都比较发达，在信息服务业领域各有优势，这决定了两地市场主体可以以优势互补模式实现合作。根据京台两地信息服务业的优势，北京与中关村台资企业未来可优先合作发展重点领域有：4G、云计算、物联网、芯片设计、电子商务、面板等（见表 5.9）。

表 5.9　台资企业可与中关村企业合作发展项目

产业类别	业别	台资厂商	台资具备技术优势企业
4G	4G 局端系统	仅有能力发展终端用户级产品	鸿海、合勤、友讯、广达、正文、中磊等厂商具有 20 年网络产品研发与生产经验，主要替 Cisco、Ericsson 等多家国际大厂代工
	4G 终端产品	鸿海、合勤、友讯、广达、正文、中磊等	
	4G 手机	宏达电已推出产品	宏达电是全球最早推出 4G 手机厂商
	4G 手机芯片	联发科 2013 年推出 TD–LTE 芯片	联发科与 NTT 合作预定于 2013 年中推出 4GLTE 芯片
云计算	LaaS	"中华电信"、远传、趋势等	广达、英业达、纬创、鸿海、仁宝、台达电已经为 Google、Ama-zon、Microsoft、Dell、HP 等国际大厂主要服务器供货商；台湾也是云计算相关零配件主要生产地区
	PaaS	鸿海、广达、华硕、宏达电、趋势、纬创	
	SaaS	宏达电、华硕、关贸、趋势、鼎新、台塑网及中小软件厂商	
	服务器	英业达、广达、纬创、鸿海、仁宝	
物联网	零配件—系统	研华、资拓宏宇、腾云计算、神达计算机等	研华最具技术优势，已经在大陆发展物联网多年，并承接多项专案
芯片设计	PC 芯片	威盛等	威盛拥有 LnetlX86 芯片专利与 ARM 平台
	手机芯片	联发科、威睿等	联发科为全球主要手机芯片厂商，威睿发展 CDMA 芯片
	面板用芯片	联咏、奇景、弈力、瑞晶等	联咏、奇景、弈力、瑞晶等为全球 LCD 驱动 IC 主要供货商
	设计工具 /IP 服务	台积电 / 联电关系企业	创意、智原为台积电或联电关系企业，为全球主要 IP 服务厂商
电子商务	系统、软件及内容	鸿海等	需要与中关村软件厂商合作发展
面板	触控面板、AMOLED	宸鸿、友达、群创、胜华、元太等	宸鸿是全球最大触控面板厂商，友达、群创将于 2013 年 1Q 量产 AMOLED

资料来源：台湾拓墣产业研究所，2012 年。

　　具体来看，在 4G 局端系统和终端产品方面，台资具有技术优势的企业有：鸿海、合勤、友讯、广达、正文、中磊等厂商；在 4G 手机领域，宏达电具有优势；在 4G 手机芯片领域，联发科拥有技术优势。在云计算领域，台资企业广达、英业达、纬创、鸿海、仁宝、台达电已经成为诸多国际大厂商主要服务器供货商，台湾企业也是云计算相关零配件主要生产商。在物联网领域，研华电子已经在该领域发展多年，并具有一定的技术优势。在芯片设计领域，威盛的优势在 PC 芯片方面，联发科、威睿等企业优势在手机芯片方面，联咏、奇景、弈力、瑞鼎等企业的优势在面板用芯片，台积电／联电关系企业的优势在设计工具 /IP 服务。在电子商务领域，鸿海在系统、软件及内容等方面具有优势。在面板领域，宸鸿、友达、群创、胜华、元太等台资企业在触控面板、AMOLED 荧幕显示技术等方面具有优势。目前已经在中关村投资的台资企业，如鸿海、广达、华硕、宏达电、纬创、威盛、联发科、台积电，在相关领域分别具有很强实力，可成为良好合作伙伴。

第六章　京台文化创意产业合作

　　文化创意产业（简称文创产业）是当前海峡两岸及京台两地重点发展的重要新兴产业，也正成为两地交流合作的新重点。台湾文创产业发展早，法制健全，在部分领域有一定竞争优势，但企业经营规模小，市场规模不大，产值不高，与大陆文创产业规模有较大差距。然而，海峡两岸共同的文化背景与积极的产业政策导向，为海峡两岸文创产业合作创造了条件，也为京台文创产业合作提供了良好氛围。

一、京台文化创意产业发展比较

　　北京市统计局通过深入研究，将文化创意产业定义为：以创作、创造、创新为根本手段，以文化内容和成果为核心价值，以知识产权实现或交易为特征，为社会公众提供文化体验的具有内在联系的行业集群。北京市颁布的《北京文化创意产业分类标准》依据国民经济分类、结合文化创意产业活动的特点，把文化创意产业分成了9类：文化艺术、新闻出版、广播影视、软件网络及计算机服务、广告会展、艺术品交易、设计服务、旅游及休闲娱乐，其他辅助服务等。

（一）北京文化创意产业发展现状

　　发展文化创意产业是北京市委、市政府从首都发展战略高度做出的重大决策，对北京市调整产业结构、转变增长方式、巩固全国文化中心地位、全面落实科学发展观具有重要意义。北京市在"十一五"规划中将文化创意产业确定为首都的核心产业。过去十年，北京市文化创意产业整体发展态势良好，已经确立了自己的支柱地位并仍具有较大的发展潜力。经过"十二五"时期的高速发展，北京市文化创意产业已成为继金融业之后的第二大支柱产业。2013年北京市规模以上文化创意产业实现总收入超过1万亿元，增加值达到2406.7亿元，自2004年以来复合增长率为17.3%，占全市GDP的比重增至12.3%。到2015年年底，全市文化创意产业增加值突破3000亿元，达到3179.3亿元。文创产业规模持续壮大的同时，内部结构也有明显优化，同时产业发展过程中仍存在不少问题，如中小企业融资难、区域发展不平衡、产业价值链条断裂、国际影响力不足等问题。

1. 北京市文化创意产业内部结构及主导产业

北京市文化创意产业的主导产业是软件、网络及计算机服务，新闻出版，广播影视和广告会展等。北京市文化创意产业内部结构有明显变化，目前已形成以技术密集型产业为核心、其他产业共同发展的产业格局。（详见表6.1）

表6.1　2006-2015年北京文化创意产业内部结构变动（单位：%）

行业 ＼ 年份	2006	2007	2008	2009	2010	2011	2012	2013	2014	2015
文化创意产业	823.2	1008.3	1346.4	1489.9	1697.7	1989.9	2205.2	2578.1	2826.3	3179.3
文化艺术	35.3	38.8	42.7	48.8	53.7	68.0	76.0	96.7	115.6	132.1
新闻出版	135.3	142.2	153.7	159.8	171.8	191.9	208.3	241.4	239.7	278.4
广播电视电影	73.5	102.7	120.1	124.5	138.6	154.0	177.6	191.1	200.3	223.0
软件网络计算机服务	375.5	483.4	703.1	710.5	847.1	1042.2	1190.3	1421.8	1605.2	1842.8
广告会展	52.2	64.9	112.2	98.5	127.4	159.0	168.6	206.0	220.2	217.0
艺术品交易	10.1	13.8	20.5	30.9	43.0	56.4	59.2	60.5	56.2	64.3
设计服务	40.2	49.2	52.8	76.4	84.2	90.6	97.4	130.6	127.7	132.0
旅游休闲娱乐	48.4	50.2	58.4	60.7	69.5	78.6	83.4	94.1	99.7	107.2
其他辅助服务	52.7	63.1	82.9	179.8	162.4	149.2	144.4	135.9	161.7	182.5

数据来源：根据相关年份北京统计年鉴的相关数据计算所得。

由表 6.1 可知，北京市文化创意产业的第一大支柱产业是软件网络计算机服务，2015 年，北京软件、网络计算机服务业增加值 1842.8 亿元，占文化创意产业增加值总值的 57.96%。软件、网络计算机服务业不仅是创造巨大经济财富的重要行业，也是创造就业的重要行业。2015 年，新闻出版业增加值达 278.4 亿元，占文化创意产业增加值的 8.76%，在软件、网络计算机服务业之后位居第 2 位；广播电视电影业和广告会展业的增加值也都在 200 亿元以上，分别为 223 亿元和 217 亿元，居第 3 位和第 4 位。

2. 北京市文化创意产业布局

北京现有 16 个区县，划分为四大功能区，即由新东城区和新西城区构成的首都功能核心区，由朝阳区、海淀区、丰台区和石景山区构成的首都功能拓展区，由房山区、门头沟区、昌平区、顺义区、通州区和大兴区（含北京经济技术开发区）构成的城市发展新区，由平谷区、怀柔区、密云县和延庆县构成的生态涵养发展区。首都功能核心区以历史文化为核心，首都功能拓展区尽显高端特色、创意产业多点开花，城市发展新区以现代艺术区和国际传媒贸易中心为特色，生态涵养发展区以旅游和新媒体为发展方向。

（1）北京市文化创意产业呈聚集化趋势发展

一是园区特色突出。自 2006 年起，北京陆续认定了 30 个市级文化创意产业聚集区，基本涵盖了北京文化创意产业的九大行业，其中，有 5 个文化艺术类的聚集区，2 个新闻出版类的聚集区，3 个广播、电视、电影类的聚集区，6 个软件、网络及计算机服务类的聚集区，1 个广告会展类的聚集区，2 个艺术品交易类的聚集区，3 个设计服务类的聚集区，以及 8 个旅游、休闲娱乐类的聚集区。截至 2013 年年底，市级文化创意产业聚集区内的 742 家规模以上文化创意产业法人单位实现收入 1407.8 亿元，占全市规模以上文化创意产业总收入的 14%；从业人员达到 14.8 万人，占全市的 14.1%

2006 年年底首批认定了 10 个文化创意产业集聚区，截止到 2010 年总数达到 30 个，其中朝阳区最多，8 个，海淀区 3 个（详见表 6.3），北京市各具特色的产业聚居区正在形成和发展。北京市 30 个聚集区的认定与一系列文化创意产业扶持政策措施出台，标志着北京文化创意产业进入了快速发展阶段，而聚集区则是推动文创产业发展的"重要空间载体"。从行业布局来看，聚集区涵盖了文创产业的几乎所有门类，打破了之前产业园区主要以艺术业为主的单一格局，突出文化与科技、旅游、会展、娱乐等行业的融合。

　　由表 6.3 可知，北京 30 个市级文化创意产业集聚区已覆盖北京 16 个区县，但创意产业布局不平衡。北京功能核心区和功能拓展区成为支撑北京市文化创意产业发展的中坚力量，而远郊区县的文化创意产业无论是单位数量还是收入产值所占比例都相对较小。2013 年，东城、西城、海淀、朝阳、丰台、石景山六城区规模以上文化创意产业收入合计 9407.2 亿元，约占全市规模以上文化创意产业总收入的 89.6%；实现利润总和合计 810.2 亿元，占全市规模以上文化创意产业总利润的 95.1%；上缴了全市规模以上文化创意产业 92.6% 的税金，达 433.4 亿元；吸纳从业人员 100 万，占全市规模以上文化创意产业总人数的 90.1%。其中海淀、朝阳、东城、西城四区的文化创意产业规模最大，带动作用明显，集中分布着各类文化创意产业集聚中心，产业链条相对完整、产业内部结构多元，易推动多产业联动发展，整体辐射力较强。

表 6.2　北京市级文化创意产业集聚区分布情况

区县名称	文化创意产业集聚区名称	设立时间	个数
新东城区	中关村科技园区雍和园	2006 年 12 月	2
	前门传统文化产业集聚区	2008 年 4 月	
新西城区	北京 DRC 工业设计创意产业基地	2006 年 12 月	2
	琉璃厂历史文化创意产业园区	2008 年 4 月	
朝阳区	北京 798 艺术区	2006 年 12 月	8
	北京潘家园古玩艺术品交易园区	2006 年 12 月	
	北京 CBD 国际传媒产业集聚区	2008 年 4 月	
	惠通时代广场	2008 年 4 月	
	北京时尚设计广场	2008 年 4 月	
	北京欢乐谷生态文化园	2008 年 4 月	
	北京奥林匹克公园	2009 年 10 月	
	北京音乐创意产业园	2010 年 11 月	
海淀区	中关村创意产业先导基地	2006 年 12 月	3
	中关村软件园	2006 年 12 月	
	清华科技园	2008 年 4 月	

续表

丰台区	北京大红门服装服饰创意产业集聚区	2008 年 4 月	2
	卢沟桥文化创意产业集聚区	2010 年 11 月	
石景山区	北京数字娱乐产业示范基地	2006 年 12 月	2
	中国动漫游戏城	2009 年 10 月	
房山区	北京（房山）历史文化旅游集聚区	2008 年 4 月	1
门头沟区	斋堂古村落古道文化旅游产业集聚区	2010 年 11 月	1
昌平区	十三陵明文化创意产业集聚区	2010 年 11 月	1
顺义区	顺义国展产业园	2008 年 4 月	1
通州区	宋庄原创艺术与卡通产业集聚区	2006 年 12 月	2
	北京出版发行物流中心	2008 年 4 月	
大兴区	国家新媒体产业基地	2006 年 12 月	1
平谷区	中国乐谷—首都文化创意产业集聚区	2010 年 11 月	1
怀柔区	中国（怀柔）影视基地	2006 年 12 月	1
密云县	北京古北口国际旅游休闲谷产业集聚区	2010 年 11 月	1
延庆县	八达岭长城文化旅游产业集聚区	2010 年 11 月	1

数据来源：根据相关资料整理。

（2）产业结构不断优化，初显融合发展态势

依托市级集聚区和众多文化产业园区及示范基地建设，北京市文化创意产业集聚形态已初步形成，建立健全了以软件、网络和计算机服务业为主，包括文化艺术，新闻出版，广播、电视、电影，广告会展，设计服务以及艺术品交易等行业国内领先的文化创意产业结构体系，涌现出一大批龙头企业和专业化、精细化、特色化的中小企业。尤其是文化与科技的融合加快了信息产业、新媒体产业等的发展；文化与金融融合优化了产业融资环境，完善了金融服务功能；文化创意产业与现代服务业、先进制造业的融合，带动了相关产业的转型升级。2013 年，北京首个地方专业对口国有文化机构企业成功发行债券。到 2014 年 3 月，北京市中资银行文创产业贷款余额达到 739 亿元人民币。同年 5 月，中国人民银行营业管理部与北京市国有文化资产监督管理办公室签署《文化金融战略合作协议》，共同在北京建立文化金融合作试验区，支持北京文化创意发产发

展。可以说，金融支持文创、金融文化合作成为海峡两岸一种新的共同发展趋势。

3.北京发展文化创意产业的优劣势

（1）优势

北京是历史古都，世界文化名城，有深厚的文化底蕴，民间艺术丰富多彩，这些构成了北京发展文化创意产业的天然文化资源宝库；作为全国首善之都，具备充沛的资本供给；作为大陆人才高地，聚集了大量的文化创意人才；作为带动大陆科技创新的引擎，正大力实施教育、科技与文化的融合发展。

其一，文化优势。在文化上的优势主要体现在北京是首都和全国政治、文化中心，是历史悠久的国际化大都市。一方面，北京拥有的世界文化遗产和全国重点文物保护单位数量均在大陆居于领先地位；另一方面，北京文化资源丰富，出版机构、出版图书、电影产量等均超过大陆平均水平。

北京市政府对文化创意产业高度重视，近年来出台了一系列优惠政策与措施来大力推动文化创意产业的发展，各创意园区入驻企业能够获得政府的产业支持和实实在在的税收、人事、补贴、贷款等多方面优惠政策，这对于目前发展得并不成熟的创意产业链上的企业来说，有着非常关键的现实意义。

其二，市场潜力巨大。文化创意产业固有的消费特性使其受经济的影响较大，产业发展程度受到经济发展水平的制约。从根本上说，文化创意产业市场主要依赖于居民的消费行为，而居民消费的特点、承受能力和变化优势受到经济发展水平的影响。北京人均收入水平较高，经济发展速度快于国家平均水平，人们的消费习惯已经从物质需求转向对文化的更大需求，文化产业消费市场日趋扩大。

2011年北京市 GDP 达 16251.9 亿元，其中人均 GDP 达到 81658 元人民币，按年平均汇率折合 12643 美元。按世界银行划分世界上不同国家和地区的贫富程度标准来看，北京实现的人均 GDP 已接近富裕国家和地区的水平。到 2015年，北京市人均 GDP 达到 17099 美元，已经达到中上等发达国家和地区的水平。

（2）问题和劣势

其一，中小企业居多，融资困难。北京目前对文化创意产业的推动主要还是以政府规划、建立创意产业园区与孵化器的方式为主，民间对文化创意产业的积极参与和投入不足。除了政府以及国营银行的投资以外，民间创投资本还没有积极参入进来。而既有的民营文化产业结构，大都规模过小，缺乏人才，资金不足，以致显得举步维艰。

北京市文化创意产业中大多是中小企业，其数量占到文化创意企业总和的90%，甚至更多。北京市统计局资料显示，截至2012年5月，北京已有各类文创企业数量超过30万家，规模以上文创企业仅8000家左右。文化创意企业普遍资本金规模小，面临较高的市场风险，制约了对文化创意产业的投融资，制约了企业的发展壮大。

北京市出台了一系列政策支持文化创意产业发展，但仍然存在一定的问题：一方面政府和金融机构对民营中小文化企业提供融资支持的政策还比较少；另一方面，现行的税收优惠政策涉及的创意产业行业也只有出版、电影、音像制品、软件开发等，覆盖面还比较窄；更为重要的是，现行对文化创意产业的税收优惠政策持续时间过短，这种临时性的政策对产业持续发展的鼓励作用是很有限的。

由于在资本市场上融资的门槛和条件要求较高，银行贷款被看成是文化创意企业融资的重要渠道。然而从实际效果看来，文化创意企业获取银行贷款存在较多困难。2011年央行调查显示，需要1至3年中期贷款的企业占到40%，其中1/3的贷款需求没有得到满足；得到1年以下短期贷款的企业有67.55%，然而申请短期贷款的企业只有50%左右。许多中期贷款需求未被满足的企业采取了"借短融长"方式，并未能彻底解决融资难题。

其二，北京文化创意产业区域发展不平衡。从北京区县文化创意产业发展情况来看，海淀区和朝阳区文化创意产业发展最突出，而门头沟、延庆、密云、怀柔等生态涵养区的文化创意产业发展水平较低。

从文化创意产业集聚区分布情况来看，朝阳区和海淀区的文化创意产业集聚区在数量、质量和规模上都较其他区县出色。北京市30个文化产业聚居区，朝阳区就有8个，如798文化艺术园区、潘家园古玩艺术品交易区、北京欢乐谷主题公园、高碑店民俗文化圈和朝阳公园文化园区都很有影响。

海淀区文化创意产业发展是建立在高新技术产业基础上，将科技与文化相结合。园区推进是主要发展模式。与之相比，城市发展新区以及生态涵养区虽各自有市级集聚区和区级集聚区，但类型和数量相对单一。

其三，人力资源丰富，但人才不足。这里所谓的人才既包括创意人才，也包括文化创意产业的经营管理人才，这两种人才构成了创意阶层的主力军，但北京的创意阶层尚未完全成形。创意是文化创意产业的核心生产要素，而"创意"这一要素又是以人才为载体，因此创意阶层的匮乏，会导致文化创意产业的持续发展缺乏稳定的智力推动和支持。

人才培养的规模和质量尚难满足社会需求，创意人才特别是高端原创人才、管理经营人才和复合型人才不足，缺少能够适应国际化发展的人才，这极大地制约着北京文化创意产业发展。

当前大陆教育体系中，文化创意人才的培养主要以艺术院校、文化院校为主，高校培养人才还相对较集中在影视、动漫等方面，存在产业布局和产业结构上的不匹配，在整个文化创意产业链条中还存在人才缺失，没有相对应的人才培养模式。具有文化商品化、产业化、全球化经营管理和营销等专业技能的人才还比较缺乏，并未和文化产业发展产生良性互动。人才培养机制的缺失，使人才结构性短缺问题难以在短期内解决。结构性人才短缺，特别是缺少懂得经营、熟悉文化、掌握科技知识的复合型高端创意人才、经营管理人才、对外贸易人才，是制约文化创意产业发展的重要因素。

其四，缺乏创意品牌和跨国企业集团。对比分析，比如美国以《哈利·波特》为品牌扩大影响力的图书出版业，韩国以培养娱乐明星为品牌的文化输出产业，日本主打动漫产业风靡全世界 20 余载，甚至印度的宝莱坞在全球也具有一定的影响力。

目前抑制北京文化消费增长的最大问题在于文化产品原创不足，缺乏技术和创意含量，整体水平不高，文化供给短缺。

（二）台湾文化创意产业结构、发展现状及特点

台湾文创产业政策体系较为健全，文创人才较为丰富，企业经营灵活，尤其在创意、设计等方面较具优势，但企业规模小，以中小企业为主，多专业经营，综合型的大型企业或企业集团少，产业规模不大。

1. 台湾文创产业结构及主管机关

2010 年 1 月 7 日，于"立法院"审查 7 年之久的"文化创意产业发展法"顺利通过。台湾"文化创意产业发展法"（"文创法"）将文化创意产业定义为"源自创意与文化积累，透过智慧财产之形成及运用，具有创造财富与就业机会之潜力，并促进全民美学素养，使国民生活环境提升之产业"。同时，在 2002 年的基础上，"文创法"重新划分文创产业之范畴，将其分为 15+1 类，即：视

觉艺术产业、音乐及表演艺术产业、文化资产应用及展演设施产业、工艺产业、电影产业、广播电视产业、出版产业、广告产业、产品设计产业、设计品牌时尚产业、视觉传达设计产业、建筑设计产业、数位内容产业、流行音乐及文化内容产业、创意生活产业15个产业细类；再加第16项"其他经中央主管机关制定之产业"，作为灵活机动之分类来因应不断变化发展的文化创意产业。

由表6.4可知，台湾16类文化创意产业由四个部门主管。2012年5月20日，"文建会"正式改制为"文化部"，成为台湾的文化主管部门，由著名作家龙应台担任首任"文化部长"。"文化部"成立后，将文化创意产业纳入施政重点，在其下属的七个司内专设"文创发展司"来推动文化创意产业的发展。

台湾"文化部"的成立，对于解决台湾文化业务长久以来面临的事权不统一、人力及资源不足的困境有着一定的效果，在推动台湾文化创意产业发展方面有着显著的作用。"文化部"成立后，对文化创意产业的发展开了一系列的措施。首先，根据"文化创意产业发展法"的规定，在其基础上订立相关配套子法。台"文化部"成立后，已将"文创法"规定的13项相关配套子法中的其中11项发布实施。其次，积极推动台湾文创产业的对外交流与合作。"文化部长"龙应台自上任以来先后出访美国、加拿大、法国和英国，以文化交流及文创产业的合作来推动台湾的文化建设及文创产业的国际化发展。同时也积极推动两岸文化创意产业的交流。2012年9月，第8届海峡两岸图书交易会在台北举行，参展单位超过400家，较往年增加10%。2012年10月，海峡两岸文化创意产业展在台湾南港展览馆举行，北京、福建、浙江、江苏等7个省市的30多家大陆企业赴台参展。此外，台湾在北京、青岛等地还举行了台湾名品展。据统计，2012年台湾补助赴大陆的艺文交流有41件，征选补助8件经典作品赴大陆巡演。

表 6.3 台湾文化创意产业分类及其主管机关

领域	产业（15+1类）	内容及范围	主管机关
艺术类	视觉艺术产业	指从事绘画、雕塑、其他艺术品创作、艺术品拍卖零售、画廊、艺术品展览、艺术经纪代理、艺术品公证鉴价、艺术品修复等行业。	"文建会"
	音乐及表演艺术产业	指从事音乐、戏剧、舞蹈之创作、训练、表演等相关业务、表演艺术软硬体（舞台、灯光、音响、道具、服装、造型等）设计服务、经纪、艺术节经营等行业。	"文建会"
	文化资产应用及展演设施产业	指从事文化资产利用、展演设施（如剧院、音乐厅、露天广场、美术馆、博物馆、艺术馆[村]、演艺厅等）经营管理之行业。	"文建会"
	工艺产业	指从事工艺创作、工艺设计、模具制作、材料制作、工艺品生产、工艺品展售流通、工艺品鉴定等行业。	"文建会"
媒体类	电影产业	指从事电影片制作、电影片发行、电影片映演，及提供器材、设施、技术以完成电影片制作等行业。	"文建会"
	广播电视产业	指利用无线、有线、卫星广播电视平台或新兴影音平台，从事节目制作、发行、播送等之行业。	"新闻局"
	广告产业	指从事新闻、杂志（期刊）、图书等纸本或以数位方式创作、企划编辑、发行流通等之行业。	"新闻局"
	流行音乐及文化内容产业	指从事各种媒体宣传物之设计、绘制、摄影、模型、制作及装置、独立经营分送广告、招揽广告、广告设计等行业。	"新闻局"
设计类	产品设计产业	指从事产品设计调查、设计企划、外观设计、机构设计、人机界面设计、原型与模型制作、包装设计、设计咨询顾问等行业。	"经济部"
	视觉传达设计产业（调整）	指从事企业识别系统设计(CIS)、品牌形象设计、平面视觉设计、网页多媒体设计、商业包装设计等行业。	"经济部"
	设计品牌时尚产业	指从事以设计师为品牌或由其协助成立品牌之设计、顾问、制造、流通等行业。	"经济部"
	建筑设计产业	指从事建筑物设计、室内装修设计等行业。	"内政部"
	创意生活产业	指从事提供将图像、文字、影像或语音等资料，运用资讯科技加以数位化，并整合运用之技术、产品或服务之行业。	"经济部"

续表

数位内容	数位内容产业	指从事以创意整合生活产业之核心知识，提供具有深度体验及高质美感之行业，如饮食文化体验、生活教育体验、自然生态体验、流行时尚体验、特定文物体验、工艺文化体验等行业。	"经济部"
其他	经"中央"主管机关制定之产业		

资料来源：《2011 台湾文化创意产业发展年报》。

2010 年 1 月 7 日，"文化创意产业发展法"的通过与施行，对台湾文创产业的发展具有重要的意义。首先，"文创法"通过健全文创产业的相关法律，以及建立著作财产权设置登记授权制度，为台湾文化创意产业的发展提供了法律保障，令台湾文创产业的推动有了法律依据。其次，"文创法"所规定的透过资金、研发、流通、租税、人才等多元面向的奖励与辅助措施，是扩大台湾文创产业营业额的重要驱动因素。"文创法"透过补助文化团体、鼓励企业购票捐赠学生及弱势团体，以及文创业者租税等优惠措施，来增加文化消费人口、扩大文化消费市场、活络文创产业发展环境；通过健全文创产业商业机制，设立财团法人文化创意产业发展研究院等措施，来建立文化创意事业投融资机制、打造台湾自有品牌并拓展国际市场；等等。

通过相关法律法规的出台与实施、相关文化机制的整合与创新，台湾的文化创意产业飞速发展，逐渐发展成为台湾经济转型、产业升级的推动力量，成为台湾经济的支柱产业。另外，这一阶段，台湾当局逐渐将两岸文化交流与合作纳为施政重心，将台湾地区的文化创意产业的发展纳入中华文化的范畴，纳入全球华人文化市场，台湾当局的华语市场战略逐渐浮出水面。总体而言，这一阶段台湾当局对文化创意产业的认识逐渐成熟，台湾的文化创意产业也从最初产业转型升级的现实需求，逐渐确立了"创意台湾"的形象定位，为两岸文化创意产业合作提供了条件。

2. 台湾文创产业发展现状

经过多年发展，台湾文创产业已经达到企业数 6 万多家、从业人数近 25 万人、营业额近 8000 亿元新台币的产业规模，在台湾现代服务业中占有重要位置（见表 6.5）。

表 6.4 　 2009–2014 年台湾文化创意发展情况

项目	2009 年	2010 年	2011 年	2012 年	2013 年	2014 年
家数（家）	59597	60011	61063	61532	61900	62264
就业人数（人）	224108	232022	230031	236387	240114	245520
营业额（新台币亿元）	6454.42	7644.71	7861.29	7596.32	7804.42	7944.77

数据来源：《2015 年台湾文化创意产业发展年报》。

2014 年台湾文化创意产业总家数为 62264 家，较 2013 年成长 0.59%，其中又以视觉传达设计产业家数成长 27.42% 为最高；而厂商家数衰退最多者则为数字内容产业，衰退幅度为 7.30%。若从数字内容细产业观察，以电动玩具店及上网专门店厂商家数分别衰退 8.74% 及 12.27% 最多，其主要原因在于，因特网及行动装置普及与网速的提升，逐渐改变消费者对于游戏内容的体验，从过去机台游戏、计算机游戏转移到手机游戏的应用。

2014 年台湾文化创意产业之就业人数为 24.6 万人左右，其中又以"运动、娱乐及休闲服务业"及"专门设计服务业"就业人数最多。在各类型人力占比部分，文创产业的经营需要相关产业专业技术，因此专业人员占比较高，为 42.67%，其次则分别为技术员及助理专业人员与事务支持人员，其比重分别为 20.02% 及 15.58%。

从营业表现方面，2014 年台湾文创产业营业额为新台币 7945 亿元，较 2013 年成长 1.80%，比当年台湾总体经济成长率 3.77% 低 1.97 个百分点，表明文创产业受经济景气波动敏感的特性。

3. 台湾文创产业发展特点

台湾文创产业政策体系较为健全，文创产业呈集聚性发展。文创人才较为丰富，企业经营灵活，尤其在创意、设计等方面较具优势，但企业规模小，以中小企业为主，多专业经营，综合型的大型企业或企业集团少，产业规模不大，文化产品对外贸易比重低。

（1）台湾文创产业成集聚性趋势

根据"挑战 2008"的规划，台湾当局推动成立了台北、台中、花莲、嘉义及台南五大创意文化园区（详情见表 6.6），并逐渐明确其定位及发展方向，更新五大园区咨询网站，着力打造园区品牌形象。华山园区的定位为"文化创意产业、跨界艺术展现与生活美学风格塑造"，是艺术交流、产业合作的平台，也是文化创意产业人才的育成中心；花莲园区的定位是"文化艺术产业与观光结合之实验场域"，利用该地区的人文和自然景观的条件，着力打造文化观光产业和创意生活产业；台中园区的定位是"台湾建筑·设计与艺术展演中心"，是一个设计类的园区，以建筑、设计与艺术为主体；嘉义园区以"酒文化产业"为基础，结合传统工艺、当代艺术、艺术家等资源发展酒文化，并对传统艺术进行创新；台南园区通过多媒体方式呈现创意生活的手段，打造台湾的创意生活媒体中心。同时，也根据"爱台十二项建设"的"智慧台湾"计划，欲将台北故宫博物院打造成为文化创意产业的应用重镇。台湾已由北向南基本形成以台北华山创意文化园区，台北故宫博物院，台中、花莲和台南创意文化园区为核心的区域性文创产业集聚。

表 6.5　台湾五大文创园区经营概况

文创园区	经营团队	经营内容
华山园区（台北）	华山创意园区 ROT 案：台湾文创公司 电影艺术馆 BOT 案：台湾电影文化协会 文创业旗舰中心 BOT 案：华山文创公司	定位：文创产业、跨界艺术与生活美学风格。 面积：5.56 公顷。 营运：2013 年参观会展演人次 170 万，产值 4.8 亿元新台币，并开始获利。
台中园区	"文化部文资局"进驻营运，部分空间委托御东风、祥泷、台酒、台创等业者经营。	定位：建筑、设计与艺术展演。 面积：5.6 公顷。 营运：2013 年入园人次 52 万人，产值 2802 万元。
花莲园区	全区 ROT 案：新开公司	定位：文化艺术产业与观光综合场所。 面积：3.38 公顷。 营运：2012 年开始营运，2014 年 1—6 月入园人数 17 万人次，有营业收入 300—500 万元。
嘉义园区	新嘉文创公司	定位：传统创新中心。 面积：3.99 公顷。
台南园区	台南科技大学	定位：创意生活发展中心。 面积：0.61 公顷。

资料来源：台湾《工商时报》，2014 年 7 月 4 日，A22 版。

台湾文化创意产业的分布及发展存在着地区间的差异。文化创意产业与台湾整体经济发展的中心区域呈相似发展态势，主要集中在台北市、新北市等主要区块。

台湾的文化创意产业的经济主力有广告业、广播电视业、出版业、建筑设计业、产品设计业、流行音乐及文化内容业和电影业等几大产业。其中，广播电视业、产品设计业、电影业、流行音乐及文化内容业等几大产业在国际金融危机的形势之下，更是表现出较强的抗冲击能力。

以音乐、影视等流行文化为代表，台湾在人才资源、品牌行销和文化产品精致化方面已相对成熟，在亚洲和华人世界已经形成了品牌。而台湾遍地开花的休闲娱乐产业和创意生活产品，更是发展成为了台湾文创的"品牌"，对亚洲尤其是大陆市场具有相当的影响力。

（2）"以民间为主导，以企业为主体"的运行机制

台湾的文化创意产业，主要"以民间为主导，以企业为主体"，政府在产业发展中所起到的作用，仅仅是为民间创意的自由发挥营造良好的环境。台湾的文创产业是从"社区总体营造计划"发展而来，即通过社区民众的自主提案，实施文化设施基础调查，了解社区文化历史脉络及当前发展概况，进行整体规划及设计，并由当局基于相应资助和指导。这就形成了台湾独特的"自下而上、民间主导"的文化创意产业发展脉络。同时，台湾的文创产业与"创意生活"紧密相连，注重与民众日常生活的联系，因此，较受民众的支持，民众自主参与的热情较高，使得台湾文创产业的发展拥有广泛而深厚的民众基础。

台湾文创产业的企业结构与大陆也存在差异，台湾的文化创意产业以民营资本为主，企业结构以中小企业为主体。这种中小企业为主的模式，使得产业经营较为灵活机动，效率较高，同时也令经营者更为积极主动地去寻找商机、谋求企业的发展。台湾的文创产业呈现"小而美"的特点。在这种模式下，民间创意更加便于进入产业本身，因此，台湾在这些中小企业的推动下，打造出了一系列著名文创品牌。

表6.6 台湾部分知名文化创意产业品牌

产业类别	代表品牌
工艺产业	法兰瓷、琉园、琉璃工房、大禾竹工厂、SMANGUS意念工房、搏扶摇风筝工作室、袖珍工房
创意生活产业	伍角船板、华陶窑、香蕉新乐园人文生活馆、胜洋水草、晶晶书库
地方特色产业	巫玛斯排湾三宝工艺馆、新竹进益贡丸文化会馆、广兴纸寮、水里蛇窑陶艺文化园区、布农文教基金会、白米木屐村、阿姆的染布店
表演艺术产业	相声瓦舍、云门舞集、优人剧团、霹雳国际多媒体
文化展演设施产业	红楼剧场、袖珍博物馆、树火纪念纸博物馆、十方乐集、光点台北、在地实验室
视觉艺术产业	朱铭美术馆、墨色国际有限公司、小草艺术学院、结像纪事创作坊、橘园国际艺术策展公司

资料来源：根据于国华、王嘉骥、吴珍妮:《文化创意产业实务全书》整理。

（3）台湾创意产业人才培养机制比较成熟

台湾在创意产业人才培养上有一套切实可行的配套机制，提出了4项相关配套措施。第一，将文化创意产业教育理念导入基础教育系统，提高学生创造性思考能力和人格特质；第二，把文化创意教育纳入大学教育体系，开设文化创意通识课程，让文化创意理念渗透到通识教育体系中；第三，让文化创意产业学科走向建制化的轨道，即高校以文化创意产业学科为核心，成立系、所、研究中心，进而为社会提供更为专业化的创意阶层；第四，发挥管理部门和民间机构在文化创意产业人才培养中的作用。这一系列措施取得了很多的成效，如，成功大学建立"创意产业设计研究院"，政治大学建立"创新与创造力研究中心"，南华大学建立"文化艺术与创意产业研究中心"，"中国文化大学"建立"观光事业学系"等，为台湾地区培养了很多专业的创意人才。

（4）金融支持文创成为新趋势

台湾金融与文创合作较为成功，主要有两种做法。一是台湾当局通过金融政策措施扶持文创产业。2013年，台湾当局提出"金融挺创意"计划，积极鼓励金融业支持文创产业发展，计划将银行对文创产业融资总额由目前的新台币1800亿元增加到2016年的3600亿元。其主要措施包括增加担保（中小企业信保基金保证成数由8成提高到9成）、鼓励投资（开放人寿保险资金可以专案运作进行信用保证贷款及相关投资）、提供多层资本协助（如建立创意集资中心，辅导转上市上柜）、直接金融协助（比照高科技产业，经认证后可降低上市上柜门槛，编制文创指数）、强化评鉴（由台湾金融服务公司负责无形资产鉴评工作）等。2014 年以来，台湾"金管会"继续采取积极的金融措施，在 4 年内争取有 300 家文创公司挂牌上柜上市，1 年内找 10 家影音歌唱企业公开发行，让影音唱片企业公司化与大型化。二是金融企业看好文创产业发展前景，以商业与公益等多种方式支持文创产业。2010 年开始，台湾中信金控股集团下的中信创投公司增加对影视、创造生活、工艺、流行音乐等文创产业项目投资，近两年先后投资了电影"杀手欧阳盆栽""奇人密码—古罗马之谜""志气"等，并成立华研音乐与霹雳布袋戏等公司，总投资超过 6 亿元。玉山银行独家赞助电影《KANO》，支持本土电影；开发金控公司投资 15 亿元成立"开发文创价值基金"，重点支持包括创意竞赛、差异化设计与商标价值等具文创元素的民生消费品牌。兆丰金控公司累计对文创授信贷款接近百亿元，2013 年赞助的电影《发现台湾》获得大奖，是金融支持文创的成功范例。

（5）市场狭小，无法依靠内需市场形成产业

市场小，规模小，无法靠内需市场形成产业，这一点已经严重限制了台湾许多文创行业的发展。例如，台湾在网络游戏、动漫方面也有接海外的订单，其制作能力已经成熟，但要发展自己的作品，投资较大，需要一个大的市场才行。

台湾市场狭小，文创活动、文化园区与地方文化馆的规模均较小，可容纳的消费者数量较少，相对于投入的数额巨大的资金成本而言，文化创意产业无法在岛内创造相应的利润，严重阻碍了产业的发展。

台湾虽然有充沛的民间创意与人才，但各行业的成就目前在性质上仍属单发点放，尚未形成像美日那样的产业规模经济，这显然主要是受限于岛内市场狭小、政府支持不足。同时，台湾在海外许多设计竞赛中虽然得奖不少，但商品化却远远没有跟上，这又主要是由于台湾土地、人力、资本等成本较高的缘故。

二、京台文化创意产业合作分析

两岸开放的大趋势，使台湾文创产业可广泛开拓大陆市场；与大陆同文同

种，富有中华文化特色的文创产品在进入大陆市场方面具有优势。ECFA 的签订，一定程度上为两岸文创产业的交流与合作扫清了障碍，大陆在会展业、专业设计、创意设计、进口电影配额等领域扩大了对台企的市场开放程度，台湾则在会展、设计、娱乐、文化及运动服务业等方面允许大陆业者在台设立商业据点。

2012 年 9 月，由海基会、海协会共同推动"两岸文创产业交流合作座谈会"在台北举行，时任海协会会长陈云林率"海协会文化创意产业暨书画艺术交流团"参加，着重了解双方文创产业现况、未来合作、现存政策问题。这次"文创之旅"为两岸文创产业合作再度加温。2012 年 12 月，在杭州举办首届"两岸文创产业合作论坛"，论坛就未来两岸文创产业合作的交流机制、搭建平台及设立试验区方面达成共识。这一切都标志着两岸文化创意产业的交流合作已进入一个新的发展阶段，也为京台两地文化创意产业合作提供了良好氛围。

京台两地都重视文化创意产业，而且两地都面临产业结构的转型升级。一方面，北京制定一系列政策推动北京文化创意产业的发展，另一方面，台湾也欲以文化创意产业作为第四波产业，并将第一波产业（农林牧渔）、第二波产业（工业生产与服务）和第三波产业（信息）重新整合成新的有机体，这都为两地文化创意产业合作提供了恰当的契机。

（一）台商投资北京文创产业现状分析

两岸文创产业合作起步早，合作领域日益扩大。20 世纪 80 年代后期以来，海峡两岸即开始了包括影视、音乐等在内的文创产业合作与文化产品贸易。1989 年，台湾当局开放台湾影视业前往大陆取景，台湾知名作家琼瑶召集台湾电视制作人到大陆拍摄电视剧，开启了两岸影视业合拍电视剧的先河，也开创了两岸文创产业合作的先例。此后，两岸文创产业合作不断发展，涉及的领域越来越广泛，包括音乐、影视、演出、出版、动漫、创意设计、文化旅游与文化展示展览等多个方面。当今台湾文创产业各领域的大批人士在大陆发展或合作，成为两岸文化交流与合作的重要组成部分。在这样的背景下，北京与台湾也展开了多种形式的交流与合作。

课题组在调研中发现，台商投资北京文创产业主要集中在首都功能核心区（由新东城区和新西城区构成），首都功能拓展区（由朝阳区、海淀区、丰台区和石景山区构成）。

1. 台商在首都功能核心区投资现状分析

其一，台商在西城区投资文创产业现状分析。西城区在"十二五"规划发展中提出，全面实施"服务立区、金融强区、文化兴区"战略，功能定位于国家政治中心的主要载体、具有国际影响力的金融中心、传统与现代融合发展的文化中心、国内外知名的商业中心和旅游地区、和谐宜居健康的首都功能核心区。课题组在西城区台办调研得知，目前西城区现有台资企业主要集中于商贸销售、咨询服务、电子信息技术产业。与区域重点发展产业相对应的产业，如金融业、文化创意产业台资企业数量少、规模小。

西城区台资企业投资规模较小，平均在10万到20万美元之间，台资企业在港澳台投资项目中占比重份额也很小。据不完全统计。目前西城区有台资企业85家，产业分布集中在服务业，投资行业主要侧重于食品、茶叶、服装、医疗器械等产品的批发、图书零售、计算机软件、专业技术软件的开发、专业技术服务及相关咨询等领域，另有金融企业2家（详见图6.1）。

课题组在西城区台办调研得知，在西城区从事文创产业的台资企业4家，主要集中在德胜科技园、什刹海景区，其中经营文化创意礼品2家、软件开发1家、文化交流1家。台湾文创产业发展较早，对中国传统文化传承方面及在企业管理方面都具有一定优势。西城区德胜科技园为中关村科技园组成部分，享受相关优惠政策。而毗邻德胜科技园的什刹海景区是西城区传统文化风貌保护及聚集地区，拥有一大批名人故居、王府寺庙等文物古建，为文化产业发展提供了优质资源。未来的发展中，西城区可以通过现已落地发展的台资企业，向岛内宣传北京发展文化产业资源的资源优势及政策优势，吸引台湾优质的文创企业来北京投资和发展。

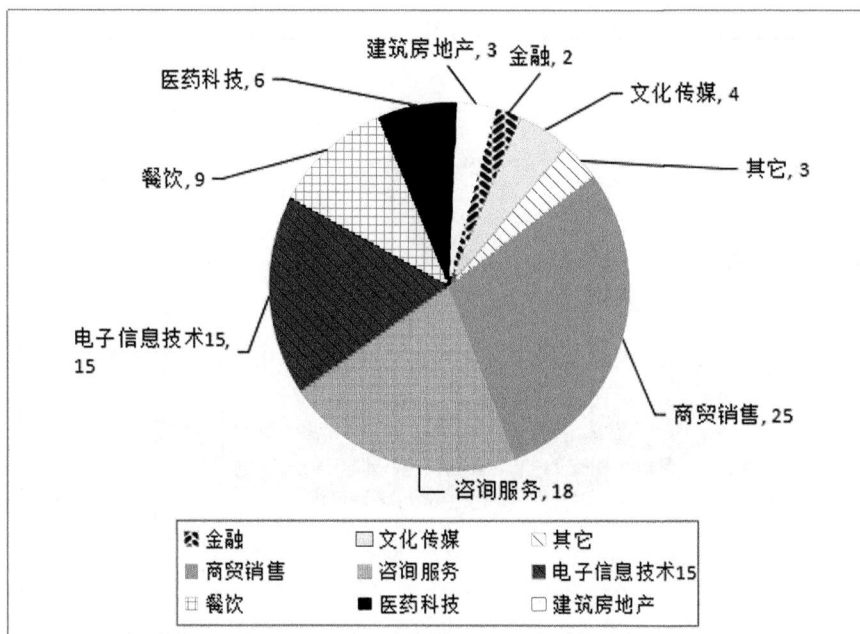

图 6.1　西城区主要台资企业行业分布图　　　　　单位：家数

数据来源：课题组从西城区台办调研获得。

　　其二，台商在东城区投资文创产业现状分析。东城区是首都文化中心区，世界城市窗口区。北京市东城区"十二五"时期文化发展规划的总体目标：传承中华文化，融合多元文化，以文化人，以文兴商，建设历史文化传承发展示范区，打造有国际影响力的文化品牌，推动文化经济融合发展，全面完善公共文化服务体系。通过政策引导，使投入文化发展的资金与区域经济增长同步，着力培养和引进一批高素质的文化人才，塑造一批深受群众喜爱的文化品牌活动，构建一批充满生机与活力的文化演艺单位，将新东城打造成北京最重要的"文化名片"。2014 年东城区规模以上文化创意产业发展情况详见图 6.2。

　　台商在东城区投资文创产业主要集中在以台湾会馆为中心的台湾文化商务区（2010 年开业），它以台湾会馆为核心，沿大江胡同两侧连通前门大街和前门东路，总建筑面积约 40000 平方米，包括以阿里山广场为中心，台湾风情市集、台湾美食餐饮区、台湾映像生活美学馆、映像台北潮场、四合院品牌总部会所、台湾会馆六个板块，是一个集台湾主题旅游、商业、文化、教育为一体的京台多元交流平台，也是京台文化交流的一个重要平台。

2014年东城区规模以上文化创意产业收入情况(单位：亿元）

333.5, 19%   94.8, 6%   259.6, 15%

203, 12%

76.6, 4%

192.9, 11%   47.8, 3%   509.1, 30%

- ■ 软件、网络及计算机服务　±广告会展　▨ 艺术品交易509.1
- ▨ 广播、电视、电影　■ 新闻出版　文化艺术
- ▨ 旅游、休闲娱乐　▨ 其他辅助服务　设计服务

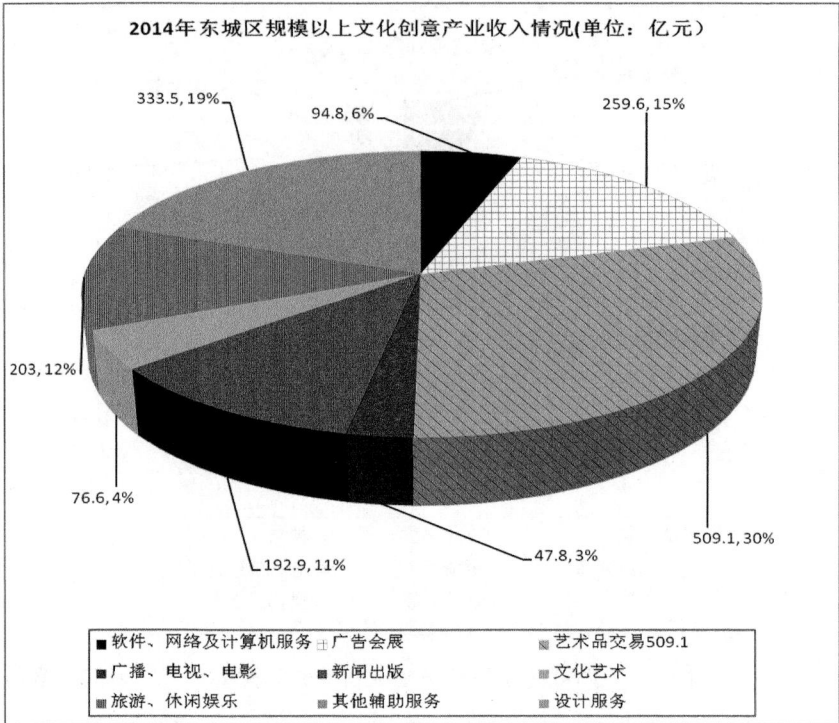

图6.2　2014年东城区规模以上文化创意产业发展情况

数据来源：北京市统计局、国家统计局北京调查总队编:《北京区域统计年鉴2015》。

台湾文化商务区开业后曾有100家左右的台湾商户入驻，包括文化、艺术、特产、餐饮等业态，也有多家媒体对台湾文化商务区进行了宣传报道。曾举办过年货大街、台湾春茶、京台文化节、台湾夜市等商业促销活动，成为北京市民了解台湾文化、艺术、特色小吃、特产的一个窗口。

目前，与前门大街的业态升级产生"联动"，台湾文化商务区处于转型升级阶段，有望成为北京最大的非遗示范区。

2. 台商在首都功能拓展区投资文创产业现状分析

首都功能拓展区由朝阳区、海淀区、丰台区和石景山区构成。在调研中发现，台商在首都功能拓展区投资文创产业主要集中在海淀区和朝阳区。

其一，台商在海淀区投资文创产业现状分析。海淀区被誉为"科技之海、文化之淀"，文创产业是海淀区重点发展产业之一。2004年海淀区提出"文化

立区"的理念，实施了《海淀区文化发展规划纲要》，确定了文化、科技、教育三者齐头并进的发展战略，确立了"发挥海淀科技文化结合优势，打造文化创意产业高端"的发展目标。2012年1月海淀区委下发了《关于率先形成文化大发展大繁荣新格局的实施意见》，进一步明确了海淀区文化发展的定位，加快了工作机制创新的步伐，凸现了海淀区支持文创产业蓬勃发展的步伐。

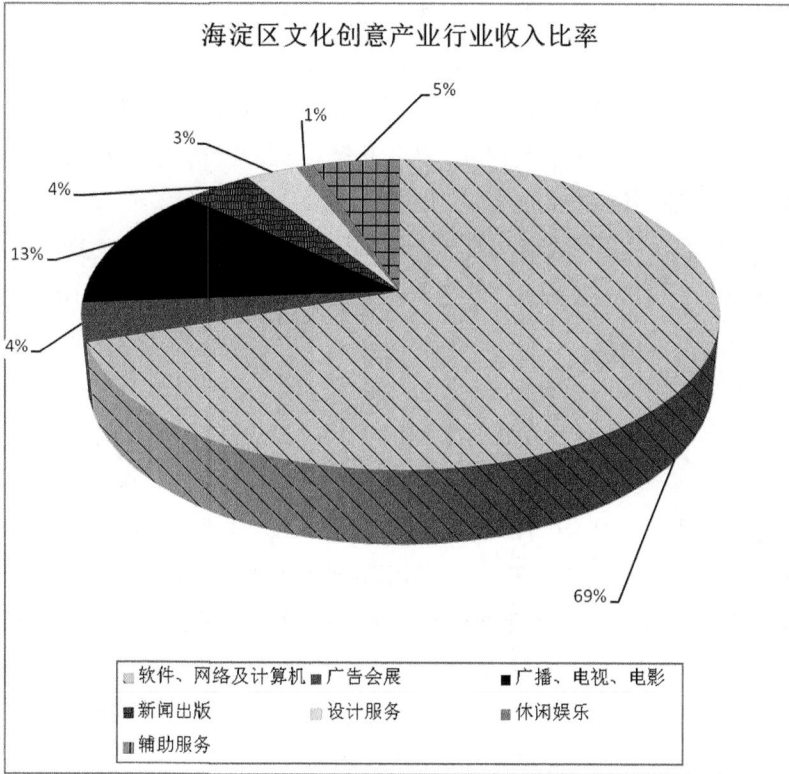

图6.3 2011年海淀区文化创意产业行业收入比率

数据来源：北京市台办，《2012年北京市涉台调研获奖成果汇编》，第203页。

2012年，海淀区规模以上文创产业收入达3914.4亿元，比2011年增长17.2%，是海淀区重点发展产业之一。全年规模以上文创产业企业持续稳定在2800家，占北京市总量的1/3；从业人员超过46万人，占北京市的47%，总收入实现3914.4亿元，占北京市的42%。海淀区文创产业中占比最大的软件、网络及计算机服务企业近1700家，其收入占海淀区文创产业总收入的69%(详见图6.3)。从这些数据不难看出，海淀区文化创意产业以高科技为依托的相关产业在总体上贡献率最大，体现了海淀区在北京市文化创意产业中的高端地位。也体现出海淀区文创产业与高科技产业融合发展的趋势。海淀区文创产业中、软件、网络及计算机服务业占其文创产业总收入的六七成。该区文创产业的发展是建立在高新技术产业基础之上，将科技与文创产业发展相结合。

海淀区也是台商投资北京文创产业比较集中的区。据不完全统计，在海淀区投资文创产业的台资企业有 100 家左右，主要从事计算机网络、电子自动化软硬件设计、出版传媒、工艺品设计、动漫游戏等行业，其中从事计算机网络、软硬件设计、电子业的最多，约 70 家。其中也不乏文创产业台资企业的典型，如从事计算机及自动化业的台积电、研华科技、威胜电子，从事动漫游戏业的光涛互动，从事图书出版业的光海文化用品等。

其二，台商在朝阳区投资文创产业现状。《朝阳区"十二五"时期文化创意产业发展规划》指出，朝阳区要实施产业高端化和梯次发展战略，不断优化产业结构，占据价值高端。在这一过程中文化创意产业当仁不让。在文化创意产业价值链上，朝阳区重点发展内容原创、投资交易、消费体验环节；在文化创意产业门类上，朝阳区重点发展创意水平高、科技含量高、附加值高的产业。

朝阳区文创产业的发展在北京市各区县中一直居于前列。在诸多文创行业中，朝阳区在新闻出版、广告会展业、旅游、休闲娱乐业等方面，年收入已经连续四年居于北京市第一。2014 年，北京市朝阳区规模以上文化创意企业实现营业收入达到 2600 亿元，产业增加值占地区 GDP 的比重超过 13%，文化创意产业形成区级财政收入 95.1 亿元，可以说，文化创意产业为朝阳经济的发展注入了一剂强心针。文创产业已成为朝阳区重要的支柱产业和经济转型升级发展的新引擎，朝阳区也成为首都文化创意产业发展的核心区。

朝阳区也是台商在北京投资最集中的地区。课题组在调研中得知，在朝阳区的台资企业数量 527 家（包含约 200 家的代表处），占北京台资企业总数的42.57%，但投资行业以餐饮业居多。在朝阳区投资文创产业的台商以中小企业为主，企业规模比较小，经营方式有独资，合资、合作方式。与区域重点发展产业相对应的产业，如金融业、文化创意产业台资企业数量少、规模小。

其三，台商在石景山区投资文创产业现状分析。北京市已经将大力发展文化创意产业作为首都促进产业结构调整、转变经济发展方式、寻求新经济增长点的重要途径。在这样的背景下，石景山区政府在落实"十二五"规划中以北京市推动西部地区转型发展为契机，在质监部门的积极配合下，制定了石景山文化创意产业标准化发展实施意见，实施四大战略，重点发展数字娱乐、设计创意、文化旅游产业，统筹发展会展广告、文艺演出、新闻出版产业。目前石景山区已经从领导体制、政策保障、规划指导、资金支持、融资服务和人才支撑等方面建立起比较规范的标准化工作体系。

为促进创意产业健康快速发展，石景山区政府设立了1亿元文化创意产业专项资金和5亿元中关村石景山园发展专项资金，每年以项目扶持、创新支持、贴息等多种方式，促进文化创意产业集群发展。中关村科技园区石景山园也成为中关村一区十园的文化创意特色园和数字娱乐示范园，中关村的优惠政策被充分利用。2010年以来，石景山区着力打造"中国数字娱乐第一区"和"中关村国家自主创新示范区特色区"，这已经成为石景山"首都文化娱乐休闲区"CRD建设行动的核心。

台商在石景山区的投资主要集中在北京台湾街。北京台湾街是石景山区政府主导规划建设，由民营企业投资和经营，2010年5月建成营业。北京台湾街建筑面积51000平方米，呈地上二、三层，地下一层式建筑。建设北京台湾街的初衷是打造一条具有鲜明台湾特色的文化商业街，经营业态侧重于台湾品牌的餐饮、购物、文化娱乐、夜市、文化体验等台湾特色商业项目。随着大陆居民赴台旅游（包括个人游）的迅速发展及两岸电子商务的兴起，大陆民众了解台湾文化机会增多，可直接进入岛内品尝台湾特色的餐饮、小吃，也容易通过其他途径采购台湾特色产品，北京台湾街的经营处于困难阶段。

目前，北京台湾街在着力打造一个新的品牌——"印象台湾"，让人们更好地了解台湾。

（二）京台文化创意产业交流合作中存在的问题

其一，合作的广度和深度不够。目前，京台文创产业合作处于市场推动的功能性整合阶段。台商对北京文创产业投资的区域主要集中在首都功能核心区、城市功能拓展区；在京投资文创产业的台资企业总数不多，且以中小型企业为主；企业投资规模大部分比较小，投资行业相对集中。

其二，政策措施未实现有效对接。北京市自2006年起出台了一系列促进文化创意产业发展的政策。这些政策涉及总体规划、产业促进、行业发展、分类认定、投融资支持和知识产权保护等6个方面，在规范文化创意产业发展的同时，也为文化创意产业的发展提供了政策支持。在此基础上，各区县根据自身的情况，纷纷制定各自的文化创意产业政策。同时，北京市还成立专门的组织机构进行协调，设立专项资金进行保障和鼓励。

反观台湾，自"挑战 2008"发布以来，文化创意产业成为促进台湾经济社会发展的重要产业，"创意台湾——文化创意产业发展方案"的出台，为文化创意产业的发展奠定了基础，"文化创意产业发展法"的颁布，为文化创意产业的发展提供了法制基础。"挑战 2008"从 5 个方面规范了文化创意产业的发展：第一，成立文化创意产业推动组织；第二，培育艺术、设计及创意人才；第三，整备创意产业发展的环境；第四，促进创意设计重点产业发展；第五，促进文化创意产业发展。在总结发展经验的基础上，"创意台湾——文化创意产业发展方案"确定台湾文化创意产业的发展目标为："拓展华文市场，进军国际，打造台湾成为亚太文化创意产业汇流中心。"

京台两地的法律法规都是注重自身文化创意产业的发展，或是针对本地区的情况，解决面临的问题，或是宽泛地强调文化创意产业的合作，并未出台以促进京台两地文化创意产业合作为目的的配套政策。也就是说，京台两地的政策尚未实现有效对接。

（三）京台两地文化创意产业合作前景展望

1. 为台商投资文创产业创造良好投资环境

鼓励台商投资文化创意产业，首先，应放宽台资准入门槛。在企业注册上减少审批程序和环节，提供一站式服务，在融资、土地等方面提供便利。第二，简化两岸互访、专业技术人员流动的审批环节，逐步实现两岸人才自由流动，提高效率。第三，加快双方专业资质互认。第四，加强服务体系建设。各级台办可建立专门服务机构，为其台商投资提供政策咨询、协助解决政策难点。帮助台资企业与相关金融机构建立"银企合作"关系。第五，建立两岸文化创意产业基金，支持鼓励两岸企业在业务交流、技术创新、共同开发文化遗产等方面的合作。

2. 在既有的各大创意园区基础上对台招商引资

在北京重点发展的动漫、网游、传媒、艺术、影视音像、出版等文化创意产业行业中，有很大一部分都是台湾具备成熟基础和竞争优势的行业，因此，可以针对性地重点招徕台湾动漫、网游、工业设计、家居设计、广告、品牌时尚设计等行业前来北京落户发展。

3.北京文创企业到台湾发展

除了传统的招商引资渠道以外，还可以由大陆主动走出去，到台湾购并、参股或投资文化创意产业。ECFA 开放了两岸的双向投资，不仅台湾直接投资大陆不再受限，而且大陆也可以直接投资台湾。因此，大陆可以组织并鼓励有条件的企业、单位到台湾考察，通过购并、入股等形式参与有潜力有活力的台湾创意企业，以更好地吸收运用台湾的创意资产。

4.大力开展京台两地创意人才的交流与合作

"创意"这一关键生产要素的载体就是"人才"。在知识已成为重要经济资源的情况下，城市推动文化创意产业的关键，不只是在于产业政策的拟定，还在于建立一个"有创意的地方"，吸引人才聚集和交流。

人才是发展文化创意产业的第一资源，对文化创意企业来说更是如此。因此应该重视高端人才在文化创意产业发展中的支撑作用，不仅要进行自主培养，更要针对核心产业和重点行业，制定关键人才的引进目录，建立人才引进机制、人才共享机制，鼓励、支持和引导在北京市居住和流动的高端人才为产业发展服务。

台湾在创意产业人才培养上有一套切实可行的配套机制。北京应借鉴台湾方面的经验，结合北京创意产业发展的实际情况，为学生在高校中搭建知识创意和市场运作的平台，培育具有创意思维和市场意识的优秀人才。高校培养人才要注意以市场为导向，培养市场需求的高素质人才，并注重学生的实践能力，可以积极开展校企结合的方式，将学生所学的理论知识，在企业之中进行实践，通过实践再进行更深一步的学习，真正做到培养符合文化产业发展的人才。

再次，北京的文化创意企业应积极引进各类复合型人才，同时可以通过与台湾进行人才交流与合作，有针对性地培养自己所需的人才。

三、京台文化创意产业合作中政府与市场的关系

（一）京台各自出台系列政策支持文化创意产业的发展

文化创意产业政策对产业发展与合作具有非常重要的意义。它可以引导文化创意产业的发展方向，优化产业发展环境，为文化市场的稳定和繁荣提供保障。

1.北京发展文化创意产业的政策

北京市从 1996 年开始将发展文化产业的概念应用在城市发展决策上。1996 年，为了顺应产业结构调整和城市功能定位，北京市政府决定挖掘和培养文化经济，出台了《关于加快北京文化发展的若干意见》，强调了要利用北京市丰富的文化资源发展北京文化产业，成为新世纪新经济引擎的文化发展战略构想。这是北京市文化创意产业萌芽的开始。2006 年颁布《北京市文化创意产业投资指导目录》鼓励非公有制资金和海外资本进入。

2006 年，文化创意产业的迅猛发展开始让政府意识到文化创意产业的价值和潜力。北京市政府开始从宏观政策层面上关注和支持文化创意产业的发展，以后陆续推出一系列支持文化创意产业发展的政策措施（详见表 6.8）。

表 6.7　北京出台的一系列支持文化创意产业发展的政策措施

序号	时间	名称	主要内容
1	1996 年	《关于加快北京文化发展的若干意见》	强调了要利用北京市丰富的文化资源发展北京文化产业，成为新世纪新经济引擎的文化发展战略构想。这是北京市文化创意产业萌芽的开始。
2	2006 年 1 月	《北京市"十一五"时期国民经济和社会发展规划纲要》	提出要把文化创意产业作为今后北京市的支柱产业培养。
3	2006 年 8 月	《北京市文化创意产业投资指导目录》	鼓励非公有制资金和海外资本进入。
4	2006 年 12 月	《北京市文化创意产业分类标准》	这既是北京市对文化创意产业范围的划分，也标志着北京市文化创意产业门类的正式形成。
5	2007 年 9 月	《北京市"十一五"时期文化创意产业发展规划》	提出要进一步提升北京作为全国文化中心和文化创意产业主导力量的影响，增强文化创意产业创造社会财富和就业机会的能力，使文化创意产业成为首都经济的重要支柱。
6	2007 年 10 月	《北京市出版（版权）业"十一五"时期发展规划》	重点完成对《北京市图书报刊电子出版物管理条例》《北京市音像制品管理条例》两个地方性出版法规的修订；整合现有各种出版专项资金，扩大专项资金的范围和规模。

续表

7	2008 年	《关于全面推进北京市旅游产业发展的意见》	重点落在提高旅游产业质量上，提出了要从传统旅游观光向现代城市旅游、休闲度假、会展商务等高端旅游转变，注重发挥旅游的经济、社会、文化、生态等综合功能，发展区县特色旅游线路。
8	2010 年 3 月	《北京市促进软件和信息服务业发展的指导意见》	明确了北京市软件和信息服务业的重点任务是成为中国互联网技术运用领域的领头军，大力发展对外出口服务外包业务。
9	2010 年 10 月	《北京市促进设计产业发展的指导意见》	为推动北京成为设计之都提供了各项保障措施，如通过采取贷款贴息、无偿资助、股权投入、后补贴等多种方式提供财政支持，给予符合条件的设计企业参与高新技术企业 15% 的所得税优惠，落实政府采购自主创新产品的各项制度。

表 6.7　北京出台的一系列支持文化创意产业发展的政策措施（续表）

序号	时间	名称	主要内容
10	2011 年	《北京市"十二五"时期会展业发展规划》	着力培育和建设"四核六板块"会战产业集聚区；加大国际会奖旅游市场开发；完善建设现代化的大型专业会战设施。
11	2011 年 8 月	《北京市"十二五"时期旅游业发展规划》	以首都综合优势的旅游转化利用为新动力，以区域旅游一体化与国际旅游城市联盟关系的强化为重要支撑，实现北京旅游又好又快发展。
12	2013 年 10 月	《关于进一步鼓励和引导民间资本投资文化创意产业若干政策的通知》	进一步引导民间资本投资文化创意产业，充分发挥民间资本再盘活文化资源、创新文化发展等方面的重要作用，巩固提升首都全国文化中心地位，推动首都文化大发展大繁荣。
13	2014 年 6 月	《北京市文化创意产业功能区建设发展规划 (2014—2020 年)》	大陆首个省级文创产业空间布局规划，首次明确提出了全市文创产业错位发展的空间格局。到 2020 年，构建起富有首都特色的"3+3+X"文化创意产业体系。
14	2015 年 9 月	《北京市促进文化创意产业发展的若干政策》	放宽市场准入，完善准入机制；支持创意研发，鼓励自主创新；保护知识产权，营造创意环境；加大资金支持，拓宽融资渠道；拉动市场需求，促进内外贸易；优化资源配置，推动产业升级；实施人才兴业，强化智力支撑；完善统筹机制，加强组织协调。

资料来源：课题组根据相关资料整理。

北京作为首都,是全国的政治、文化、科技和教育中心,也是国际交往中心,在形成突出的资源集聚效应和辐射效应的同时,也面临巨大的人口压力、环境压力。为适应文化产业新的发展要求,站在新的历史起点,面临新的形势任务,立足于"全市一盘棋",2013 年北京市提出了规划建设 20 个"文化创意产业功能区"的战略构想。将在市级文化创意产业集聚区和国家级产业基地、园区的发展基础上,统筹整合资源,着力优化文创产业空间布局,加快促进要素聚集与产业链分工协作,引导区县文创产业特色化、差异化、集群化发展,推动全市文化创意氛围提升、经济转型升级、城市功能优化调整和经济社会的全面可持续发展。

功能区的建设核心,不是空间的集聚,而是形成产业链、组织协调、内生发展动力的集合。要以功能区建设为框架,以产业链为纽带,在政府与市场两股力量的驱动下加强产业内部的关联,激发产业发展活力。推动各功能区之间差异化发展,加强功能区内部企业之间的互补性和融合性,形成功能区文化产业上下游有效集聚、协同发展、产业政策、公共空间、中介平台有力支撑的局面。

2. 台湾发展文化创意产业的政策

台湾的文化创意产业则是于 1995 年为了活化地方文化、振兴地方产业而推广的"社区总体营造运动"中开始萌芽的。在经历了萌芽 (1994—2002)、初步发展 (2002—2007) 阶段后,与大陆一样,也逐渐进入不断进行优化调整的快速发展阶段 (2008 年至今)。

台湾于 2002 年提出"文化创意产业",历经漫长的共识凝聚,终于在 2010年通过"文化创意产业发展法"。台湾文化创意产业在政策的带动下,促成产业的蓬勃发展,继而在全球文化创意市场交出亮眼的成绩。

表 6.8 台湾出台的支持文化创意产业发展的主要政策措施

序号	时间	名称	主要内容
1	2002 年	"挑战 2008:台湾发展重点计划 (2002—2007)"	"挑战 2008"中将"文化创意产业发展计划"置于整体规划的优先地位,并将其具体分为"成立文化创意产业推动组织""培育艺术设计及创意人才""整备创意产业发展环境""促进创意设计重点产业发展"及"促进文化产业发展"等五个子计划,分别由"经济部""教育部""行政院""新闻局"及"文建会"共同执行。

续表

2	2009 年 3 月	"六大新兴产业"	"文化创意产业"被列为关键新兴产业之一，投注并吸引民间资金，重点发展。
3	2009 年 5 月	"创意台湾—文化创意产业发展方案行动计划"	"创意台湾"可以看作是"挑战2008"的延续和深化，其针对当前台湾文化创意产业发展的优势、劣势、潜力、困境及产业需求，利用行政助力及财政政策推动文化创意产业的发展与优化。"创意台湾"目的在将文化、创意、产业三方紧密结合，凸显地方特色并推动与国际文创产业接轨。
4	2010 年 1 月	"文化创意产业发展法"（"文创法"）的通过与实施	该法的通过是台湾文创发展的里程碑，此法主要确立文化创意产业的定义与具体范畴。

资料来源：根据相关资料整理。

（二）优势互补是双方合作的重要市场基础

京台两地都拥有丰富的文化资源且各有特色，都非常重视文创产业的发展，且在发展文创产业方面各具优势及劣势，具有相当的互补性，这是两地文创产业合作的基础。

台湾先于北京进入后工业化发展阶段，其文化创意产业在创意、人才、研发、营销等方面具有优势，还拥有促进文化与科技融合的创新优势，在创意商品化和国际行销方面相对大陆及北京市文创企业也较有优势。近年来台湾在文化创意领域逐渐展现更多成果，产生了许多具有地方特色的产业和产品，但却面临岛内市场狭小、资金不足等问题。北京则拥有文化品消费市场优势，而且政府积极推动文创产业园区建设，拥有支撑文创产业发展的空间载体优势；但也存在创意不足、缺乏市场运作经验、经营效率低的问题。

两地文创产业的发展现状恰恰形成了一种互补性。这种互补性以两地生产要素的丰缺为基础，为两地文创产业的全面合作发展提供了前提。未来两地在文创产业的合作上完全可以整合研发、设计、生产、行销等环节，结合双方的核心能力和竞争优势，建立更为灵活而有效的分工合作模式，以实现更大的互利双赢。

（三）政府搭建交流合作平台及载体促进了两地文创产业合作

京台两地文化创意产业进行的交流与合作，通常采取论坛、城市互访、展会、台湾文创企业到北京投资等多种形式。

京台文化交流的品牌项目主要有"北京文化周""京台文化创意产业展"。"北京文化周"始于2006年，每年都在台湾各地举办，是北京市对台交流重点品牌项目，旨在增进两岸文化艺术领域的相互了解，推动京台两地文化艺术领域的交流与合作。2015年北京赴台文化周活动精选了突出时尚融合元素的文化精品，涵盖旅游研讨、设计展览、话剧演出、文博交流等诸多领域，体现"科技与文化"的锐意创新。

"京台文化创意产业展"自2009年至2016年已经在台北成功举办了八届，成为两地文创产业交流的重要平台，促进了两地文创企业的对接合作。2014年京台文化创意产业展以"创意·合作·发展"为主题，设置了"动漫网游及衍生产品""旅游及文博衍生品""传统工艺美术精品"和"出版发行精品"四个主题展区，汇聚了50余家北京市优秀文创企业参展，集中展示北京市近年来文创产业发展的优秀成果。2015年的京台文化创意产业展以"传承、创新、合作、发展"为主题，北京市40余家企业带来工艺美术、珠宝艺术品、文具礼品、图书出版物、视觉艺术、演艺产品、动漫游戏、文博产品等领域的最新成果参展，并与台湾合作伙伴签下2.3亿元人民币大单。2016年京台文化创意产业展上，两地文创企业现场销售和签约额总计约1.98亿元，包括：北京当当科文电子商务有限公司与台湾城邦集团就文创产品电子交易平台签署战略合作协议；北京三多堂传媒股份有限公司与台湾纬来电视台就专题纪录片版权输出进行签约；北京山水文创公司与伯夷艺术签署战略合作协议，将引入许伯夷先生系列作品并开办专题展览、全国巡展、现场拍卖等推广活动；华夏世博文化公司与台北市观光资源交流基金会签约，双方将在台湾共建奥运体育主题博物馆；等等。

北京市认定的市级文化创意产业集聚区是北京文创产业发展及京台合作的重要载体，主要分布在朝阳区、海淀区、西城区、东城区、丰台区、石景山区。在北京从事创意产业的台商分散在这些创意产业集聚区内，主要从事计算机网络、电子自动化、出版传媒、工艺品设计、动漫游戏等行业。

当然，在文创产业集聚区建设时，也要处理好政府与市场的关系，切忌政府包办模式。从当前北京市文化创意产业发展现状来看，政府应该充分调动市场积极性，为文化企业提供投融资、公共服务、人才培养、政策保障等公共平台，为企业发展营造良好的市场氛围和环境。坚持分行业、分地区指导的文化政策体系。

台湾的文化创意产业，主要"以民间为主导，以企业为主体"，政府在产业发展中所起到的作用，仅仅是为民间创意的自由发挥营造良好的环境。民间的文化创意人才、文化创意企业自发地聚集，自发地进行创造、生产，台湾当局只扮演辅助的角色，即规范、引导产业园区的发展，这极大地调动了园区从业人员的积极性，为园区企业提供了足够的成长空间，为产业园区的发展注入了活力。发展北京市的文化创意产业聚集区，应尽可能避免行政手段推动的文化创意产业聚集区，注重民间力量的发挥，让文化创意人才和文化创意企业自发地、自主地进行创造和生产，促进文化创意产业聚集区的健康发展。

第七章 对京台现代服务业合作中政府与市场关系的再思考

前述第三章对京台服务业合作中政府与市场关系理论探讨，第四至六章分别针对金融业、现代信息服务业和文创产业三个重点产业进行了具体分析。结合理论探讨与具体分析，本章将对京台现代服务业合作中政府与市场的关系进行再思考，以将理论与实际有机结合起来分析，更好地处理好政府与市场的关系，进一步促进两地现代服务业的合作发展。

一、对京台现代服务业合作中政府作用及市场作用评价

（一）政府作用评价

在京台现代服务业尤其是金融业、信息服务业和文创产业的合作过程中，政府从支持性产业政策、合作平台搭建和载体建设等方面做了许多工作，也对促进两地现代服务业合作起了推动作用。然而，政府在为双方合作提供公共服务方面仍存在明显不足，这也是今后应重点改进提升的地方。

1.产业政策对京台产现代服务业合作起了导向作用

产业政策作为促进经济发展的手段，虽然在理论上存在诸多争议，但在发展中国家和地区经济发展实践中的作用也被广为接受，北京市也非常重视通过各种类型的产业政策尤其是发展规划引导促进产业发展，这一方面为北京市产业的发展提供了支持，另一方面也为京台两地的产业合作提供了新机遇，拓展了新空间。近年来，北京市产业政策的重点在于发展战略性新兴产业和现代生产性服务业。

从《北京市国民经济和社会发展第十二个五年规划纲要》看①，北京市过去几年重点发展的现代服务业包括金融服务、信息服务、科技服务、商务服务、流通服务等生产性服务业。其中，金融服务业发展目标为：巩固全国金融管理中心地位，强化总部金融、特色金融发展优势，做好金融总部和后台的配套服务，大力引进国际一流的新兴金融机构，培育离岸金融、券商直投、信托租赁等新业态，提升债券发行中心和清算中心功能，建设具有国际影响力的金融中心城市；信息服务业发展目标为：优化提升通信业，积极发展互联网及计算机服务业，做大做强软件产业，发展移动通信增值服务、数字电视增值服务。推进数字电视运营服务。依托总部资源和媒体资源，进一步提升首都的信息集聚和发布功能，成为在亚太地区有重要影响力的信息服务枢纽城市。

而从京台两地现代服务业合作实际情况看，金融业和现代信息服务业恰是最主要的两个行业领域，这也表明政府引导促进产业发展的政策措施，在实际上也对京台产业合作起到了引导促进作用。这一经济现象完全符合经济学的理论逻辑与企业投资决策的现实考量。按照经济学的基本逻辑，企业是追求利润最大化的理性市场主体，追求利润是市场主体参与合作的根本动力。而在企业做出投资决策时，往往以投资所能获得的预期收益作为重要考量。政府规划发展的重点产业，往往即具有良好发展基础，也具有好的发展前景，投资所能获得的收益也较高。再考虑到京台产业合作的重心在北京，因此，北京市的产业政策实际上对两地产业合作起到了方向指引和信号传递作用。

2. 政府搭建的合作平台对京台现代服务业合作起了促进作用

在金融业、信息服务业和文创产业等领域，北京市相关部门都牵头搭建了推动京台相关企业对接合作的交流平台，取得了一定实际成效，促进了两地现代服务业的合作。

在金融业领域，由北京市人民政府每年一度举办的京台科技论坛的分论坛包括京台金融合作论坛，2016年的京台金融合作论坛以"推动金融科技创新，促进两岸深化合作"为主题，两地的金融管理部门和金融业界的专家学者，重点研讨了如何发挥两地优势，推动金融产品创新、服务创新及金融风险防范，

---

① 《北京市国民经济和社会发展第十二个五年规划纲要》，参见首都之窗网站，http://zhengwu.beijing.gov.cn/ghxx/sewgh/t1176552.htm。

实现两地金融务实合作等议题①。此外，2015 年 4 月 20 日，北京市台办、海峡两岸交流中心共同主办了京台金融合作暨服务中小企业论坛，该论坛促成北京银行中关村分行与北京台资企业协会签署了全面战略合作协议。根据协议，北京银行将在未来 3 年内给予北京台资企业协会及会员 30 亿元意向性授信，并在平台对接、中小企业融资、国际金融、零售金融等领域全力支持台资企业发展。②

在信息服务业领域，信息服务业也是京台科技论坛交流合作的重要内容。在 2016 年举办的第十九届论坛上，由中关村云计算产业联盟、海淀区战略性新兴产业联席会与台湾云端运算产业协会联合主办了第七届云计算高峰论坛；论坛期间，中关村科技园区海淀园管理委员会还组织东华软件、神州高铁、360、展讯高科、中关村制造大街、中关村云基地、联动优势、中关村云计算产业联盟、中关村海淀新兴产业联盟等十余家企业联盟参访了英业达、HTC、台湾工研院、台湾电机电子公会等台湾科技企业和研究机构。

在文化创意产业领域，由北京市文资办、市贸促会、北京海峡两岸民间交流促进会、台北世贸中心主办的京台文化创意产业展始于 2009 年，迄今已经举办八届，最近 4 届展会的签约和现场销售总额近 20 亿元。其中在 2013 年京台文化创意产业展上，两地文创企业签订动漫网游及衍生品、旅游创意礼品、出版发行、工艺美术、项目投资等方面的协议和订单达 8.1 亿元人民币；在 2014 年京台文化创意产业展上，中国木偶艺术剧院、北京市文化创新工场投资管理有限公司、北京首钢源景文化发展有限公司、精彩互众等 10 家北京文创企业，与台湾 20 余家文创企业签订了项目合作协议，两地文创企业通过此次展会的签约和现场销售总额达 7.6 亿元；2015 年京台文化创意产业展上两地企业签约 2.3 亿元；2016 年京台文化创意产业展上两地企业签约 1.98 亿元。

显然，通过产业政策鼓励引导和搭建具体合作平台推动，政府部门（主要是北京市政府相关部门）在京台现代服务业合作中扮演了引导者和推动者的角色。另一方面，京台现代服务业合作中也存在政府对市场主体不恰当的引导鼓励（见本项目组的内部调研报告），在对项目营利性及运营主体市场化运作能力

---

① 参见：《2016 京台金融合作论坛在台北成功举办》，北京市金融工作局网站，2016 年 11 月 10 日，http://www.bjjrj.gov.cn/gzdt/c12-a1603.html。

② 参见：《京台金融合作论坛举办 台资企业获北京银行 30 亿授信》，华夏经纬网，2015 年 4 月 22 日，http://www.huaxia.com/jtsd/jtwl/2015/04/4368522.html。

缺乏科学评估的前提下，采用补贴、政府采购等方式支持某些项目的发展，尽管在短期内对双方合作起到了立竿见影的效果，但缺乏专业化运作管理经验的市场主体也不能通过抓住补贴期创造的机遇增强项目自身的盈利能力，一旦补贴退出就难以为继。

（二）市场作用评价

1.决策主体视角的评价

在京台现代服务业合作中，两地企业是最重要的市场主体，也是最基本的决策主体。评价市场在两地产业合作中的作用，可以从两个层面进行考量：一是静态层面，考察市场机制是否在合作中发挥基础性甚至决定性作用；二是动态层面，考察市场机制主导下合作的发展情况。

静态层面看，无论政府通过产业政策引导产业发展及产业合作，还是通过搭建交流合作平台直接推动特定行业的企业对接合作，政府都是间接起作用，企业仍是决定是否合作以及如何合作的决策主体。然而，也存在政府不适当或过度干预扭曲市场机制作用的情况，使得市场主体在决策时因受被扭曲的信号影响做出错误的决策。

动态层面而言，以京台两地现代服务业最主要的合作形式——台商进入北京现代服务业投资为例，第二章表2.9中数据显示，2009年以后，台商在北京市现代服务业领域投资金额整体上较之前有明显的上升，2007年为2168.7万美元，2009年受国际金融危机影响降至833.7万美元，2010年受反弹及两岸ECFA签署带来的利好影响提升至8894.1万美元，而2015年更是增加至14.04亿美元的新高水平。纵向的增长态势表明，台商在北京现代服务业领域的投资是市场力量驱动的结果，给台商带来了足以吸引他们继续增加投资的良好收益。进一步从第二章表2.8中的数据看，也即从台商在北京现代服务业投资与大陆其他省市现代服务业投资的对比看，台商在上海、江苏各主要现代服务业领域投资的金额都高于北京，在广东除金融保险业外其他现代服务业领域投资的金额也都高于北京，表明市场机制下京台现代服务业合作的发达程度相对上海、广东、江苏等地仍显不足，有较大的提升空间。

2.要素资源流动视角的评价

产业合作从经济学意义上说是各种要素资源的流动及重新组合。从要素资源流动的视角看京台现代服务业合作，总体而言，制约两地要素资源流动的障碍尤其是制度性障碍有明显减少，但仍存在不少制约要素资源流动的因素。

从资本流动来看，包括台湾资本在内的外资流入北京现代服务业越来越容易。北京市商务委发布数据显示，2016 年，北京外资以服务业扩大开放试点为契机，有力推动了开放型经济的发展，全市新设外商投资企业 1073 家，实际吸收外资首次突破 130 亿美元，达 130.3 亿美元，连续 15 年实现增长。[①] 但是，北京产业资本流向台湾现代服务业仍比较困难，这是特殊的两岸关系以及 2014 年以来台湾岛内政治生态变动所导致的，《海峡两岸服务贸易协议》在岛内迟迟不能生效，这位两岸服务业合作带来不确定性。

从人力资源流动情况看，其面临的制度性障碍及现实困难仍较多。台籍人员尤其是在京台生毕业后在北京就业仍面临工作机会少、就业程序复杂等具体的问题，大陆人则仍受台湾制度性限制原则上不被允许进入台湾就业。

总的来说，台资进入北京所受到的限制已经较少，其他方面两地要素资源的流动仍受较多限制，表明两地现代服务业合作中市场机制的作用仍受到制度性障碍和现实诸多干扰因素的影响，仅能有限度地发挥作用。

二、京台现代服务业合作中政府与市场的关系的反思

（一）京台现代服务业合作中政府与市场关系的问题弊端

京台现代服务业合作中政府与市场关系呈现的问题可谓是大陆政府与市场关系的一个缩影。而大陆市场体制的建设只有二十多年时间，政府与市场的关系有一个不断调整、不断完整、不断耦合的过程。就当前政府在政府与市场关系中的角色来看，存在如下一些问题：

1. 政府治理与市场功能的边界不清

政府越位与缺位并存。政府仍然管了许多不该管、管不了也管不好的事情：一方面将过多时间和精力用在审批项目、招商引资等直接干预微观经济的事务上，导致政府在市场监管、社会管理、公共服务等方面的缺位；另一方面政府对社会事务包揽过多，没有充分发挥社会力量参与社会管理和提供公共服务的作用，不仅影响社会管理效率和公共服务供给，也导致政府成为这些方面矛盾的焦点。因此，使市场在资源配置中起决定性作用，凡是市场和企业能解决的，

---

① 北京市商务委外资发展处：《2016 年北京实际利用外资首次突破 130 亿美元》，2017 年 1 月 13 日，http://cif.mofcom.gov.cn/site/html/beijing/html/74322/2017/1/13/1484275597746.html。

放给市场和企业；凡是社会中介组织能承担的职能，交给社会中介组织。这不仅有利于政府真正转变职能，把重点转到加强市场监管、增强公共服务和维护社会公平正义上来，而且有利于铲除滋生公职人员受贿、权钱交易等腐败现象的土壤和根源。政府审批投资项目和直接干预微观经济活动，同样存在权力寻租的机会，因而也导致腐败问题多发高发。使市场在资源配置中起决定性作用，大幅度减少政府对资源的直接配置，是抑制和消除腐败现象的治本之策。

政府"越位"干扰企业微观经济活动的现象还很多，导致市场主体行为和市场运作扭曲，政府以不当方式直接干预资源配置，如以低地价供地、税收减免、财政补贴等方式招商引资等，也扭曲要素价格、干扰市场机制作用、误导资源配置；在 GDP 挂帅的治理理念下，形成"投资饥饿症"、重复建设与产能过剩、权力寻租等。政府审批范围过大、事项过细，存在较大的自由裁量权和相应的寻租空间，滥设审批事项的情况在一些部门和地方比较严重。忽视经济和社会的协调发展，政府公共服务职能还未到位。

政府监督不到位的问题。市场监管不统一，多头监管、区域有别、差异执法等情况较多，难以形成合力。监管过程中重事前审批，轻事中事后管理，难以形成全程监管合力。信息互通共享不及时，问责机制不完善，对弱势市场群体保护不力。对重点行业、重点领域、重点环节的监管问题突出，监管有效性差。

这些问题很大程度上是对政府和市场关系的认识不清或处理不当造成的，这些问题的存在，导致了如部分商品和要素价格扭曲、经济结构和发展方式不合理、产能过剩、地方债务和金融风险积累、生态环境恶化等状况的产生，对大陆改革开放和现代化建设带来巨大的影响。习近平同志指出："改革是由问题的倒逼而产生的，又在不断解决问题中得以深化。"[①] 在新的历史时期，要全面深化改革，着力解决体制中存在的问题，要求我们进一步划清市场和政府的边界，处理好二者的关系。要认识到"经济发展的主体力量在市场，企业和老百姓才是创造财富的主体，政府应该是创造环境的主体"[②]。2012 年国务院发布的《国务院关于第六批取消和调整行政审批项目的决定》提出："凡公民、法人或者其

---

① 人民出版社编：《中国共产党第十八届中央委员会第三次全体会议文件选编》，人民出版社，2013 年版，第 90 页。

② 高尚全：《经济体制改革的核心是处理好政府与市场的关系》，《全球化》，2013 年第 5 期，第 17 页。

他组织能够自主决定，市场竞争机制能够有效调节，行业组织或者中介机构能够自律管理的事项，政府都要退出。凡可以采用事后监管和间接管理方式的事项，一律不设前置审批。"这项规定其实是对政府与市场边界的重新界定，也是大陆调整政府与市场关系的基本准则。十八届三中全会提出市场要在资源配置中起决定性作用①，这是对政府与市场关系的重新阐释，也是界定政府与市场边界的根本准则。

2. 政府强势导致市场体系不健全

因为市场引入大陆经济的时间较短，加上政府过于强势，市场在经济发展的调控作用处于弱势。政府尤其是地方政府对资源配置干预较多，扭曲价格信号，损坏市场机制，抑制了社会生产力的发展活力。市场经济最主要的主体是企业，各类企业依据优胜劣汰的原则自由竞争，在竞争的过程中决定产品价格、供给物品种类。大陆经济活动中，最强有力的经济主体并非是企业而是政府。政府过多地以经济主体的身份出现在市场经济领域，为企业的有序公平竞争设置了人为的体制障碍。在角色和职能定位合理的前提下，必须把企业定位为市场最主要最活跃的主体，减少政府直接充当经济主体的频率。相较于政府，企业更能以其独特的应变能力来适应市场经济规律，带动市场经济活力的全面迸发。今后市场经济的发展方向，在很大程度上是企业主体的"加法"，政府直接参与经济竞争的"减法"，政府应把市场活动主体的位置还给企业，只有如此才能真正实现大陆经济的转型升级。

此外，生产要素市场发展滞后，要素闲置和大量有效需求得不到满足同时并存；市场竞争不充分，秩序不规范，规则不统一，阻碍了结构调整和优胜劣汰等等。而要改善这样的不利境地，"让一切劳动、知识、技术、管理、资本的活力竞相迸发，让一切创造社会财富的源泉充分涌流"，就需要在今后的资源配置过程中，充分发挥市场规律包括竞争规律、供求规律和价格运动规律的作用，利用价格信号引导生产和消费，激发经济活力和社会创新能力，真正做到让市场来决定社会资源的配置。

3. 地方政府对台招商引资优惠政策带来取向的扭曲

长期以来，一些地方对引进项目饥不择食，良莠不分，为了扩大引资成果，竞相出台一些优惠土地政策，使对台招商引资落入优惠战的陷阱，人为形成对

---

① 人民出版社编：《中共中央关于全面深化改革若干重大问题的决定》，人民出版社，2013年版。

台商的卖方市场的不利局面。这种局面的出现一方面使得一部分注重短期效益的台商利用政策优惠的短期效应而进行短期投资，导致大陆对台招商引资收益难以递增，而且这些优惠土地政策往往助长台商不断提价的心态，致使政策优惠程度只许升而不准降，从而造成对台招商引资成本的递增；另一方面使得地方政府对台招商引资过度依赖优惠待遇，而忽视对其他软环境的建设，出现了地方政府优惠政策取向的扭曲性，这种扭曲性又进一步加剧了地方政府对台招商引资对优惠政策的依赖。因此，中央政府应逐步取消地方政府制定对台招商引资优惠政策的权力，鼓励地方政府把更多精力放在提升地方政府的行政效率与服务水平上，切实改善地方的投资软环境，以提升对台招商引资的综合竞争力。

（二）京台现代服务业合作中的政府与市场关系的优化

十八届三中全会指出，新一轮改革的核心问题是处理好政府和市场的关系，使市场在资源配置中起决定性作用和更好地发挥政府作用，建设统一开放、竞争有序的现代市场体系，减少政府对资源的直接配置。

1.进一步优化政府和市场的关系

当前大陆经济发展中的一系列问题，与政府对经济活动干预过多息息相关。行政许可审批制度太多，政府权力过大，造成市场与政府的边界不清，腐败寻租泛滥成灾，严重束缚市场主体的活力。政府对经济管控严格，市场主体权利受到制约，严重束缚其释放内在潜力，抑制了市场优化配置资源的能力。全面深化改革，摆正市场与政府的关系成为当前经济转型发展的关键，必须遵循市场决定资源配置的基本经济规律，促进国家治理现代化，有效发挥政府作用，建设有为政府和有效市场。

（1）进一步转变政府职能

重新塑造政府与市场的关系，一方面要加快完善现代市场体系，另一方面要加快政府自身改革。让改革释放发展"最大制度红利"，政府行政体制的改革处于"马前卒"的地位。大陆行政体制改革面临机构改革和职能转变的双重任务，重在政府职能转变，重在加快形成权界清晰、分工合理、权责一致、运转高效、法治保障的政府机构职能体系。

具体来说：一要"放权"。中央政府对地方政府向下放权，对市场和社会向外放权，最大限度地激发市场和社会的发展活力。要全面正确履行政府职能，进一步简政放权，深化行政审批制度改革，最大限度减少中央政府对微观事务的管理，市场机制能有效调节的经济活动，一律取消审批，对保留的行政审批事项要规范管理、提高效率，直接面向基层、量大面广、由地方管理更方便有效的经济社会事项，一律下放地方和基层管理。这就把政府的职能限定在弥补市场失灵的这个大框架内，从而为使市场在资源配置中起决定性作用创造了前提条件。

对那些政府不该管、管不好的事务坚决放手，切实将权利还给民众、还给市场、分给社会。除法律法规有规定的之外，对于那些公民、法人和其他组织能够自主解决的事项，市场机制能够自行调节的事项，行业组织通过自律能够解决的事项，政府都不应该继续管理。

二要"削权"。以职能转变为核心，继续简政放权。清理政府不合理的经济职能，尽量减少政府对资源的直接配置，努力降低对企业的干涉，大幅度削减行政审批环节，达到真正的"负面清单"管理。即政府首先安民告示：哪些项目是国家禁止的，哪些项目是政府限制投资的，哪些项目是国家鼓励的。除此之外，凡国家没有规定的限制的领域，企业（包括民营企业）都可以投资经营。同时，政府还应鼓励和支持企业自主到境外投资或参与国际合作。

三要"分权"。确保决策权、执行权、监督权既相互制约又相互协调，改变权力过于集中的局面。

四要"限权"。要确保国家机关按照法定权限和程序行使权力，让权力在宪法和法律的"笼子中"运行。为政府经济权力设置边界，明确政府可为与不可为的领域，把经济配置权归还给市场，防止政府因为经济权力带来的寻租。

五要"监权"。要加强党内监督、民主监督、法律监督、舆论监督，让权力在"阳光下"运行。

六要防止"侵权"。防止政府对公民合法权益的侵犯，确保依法行政，绝不允许以言代法、以权压法、徇私枉法。

（2）北京是大陆投资审批制度改革的一个缩影

审批多、审批难是行政审批的突出问题，向来公众反应强烈。行政审批过多过滥，企业办事困难重重，严重影响市场在资源配置中作用的有效发挥，以及政府职能的正确履行，抑制社会投资创业积极性，增加交易成本，同时，"病态"的行政审批也成为权力寻租的空间，滋生腐败的一个重要根源。行政审批制度的弊端成为经济社会健康运转的羁绊，已到了非根治不可的地步。为此，党的十八届三中全会明确提出"进一步简政放权，深化行政审批制度改革"，并做出了具体部署，本届政府把行政审批制度改革作为加快转变职能、简政放权的突破口，持续发力，取得了显著成效。

民之所望，施政所向。人民群众对审批之弊感受最深，对改什么、如何改最有发言权。由政府部门"端菜"到更多由人民群众"点菜"，是 2014 年以来简政放权向纵深发展的重大思路转变。

就北京市而言，"进一步简政放权，深化行政审批制度改革"同样进行得如火如荼。2013 年至 2015 年，北京共分 5 批精简 439 项行政审批事项，2016 年又跟进取消了 77 项中央设定本市实施行政审批事项。截至 2016 年 12 月初，全市共取消、下放审批事项 529 项，精简比例达 60%。[①] 与此同时，北京市在朝阳、海淀、丰台、通州、大兴 5 个区开展优化投资项目审批流程试点。原来办理建设投资项目审批要经历 80 多个环节，历时 300 多个工作日，此次试点将审批环节减少到 50 多个，审批时限平均压缩到 109 个工作日。2015 年年初北京市政府宣布，朝阳、海淀等 5 区先行试点圆满结束，新的投资项目审批流程将在全市 16 个区县推广。[②]

一地瞻全局。北京市是大陆投资审批制度改革的一个缩影。按照国务院发布的《政府核准的投资项目目录（2016 年本）》，大陆将进一步取消下放投资审批权限。各省（区、市）均已修订完成本地区的核准目录，主动下放权限，修订后核准事项省级约占 70%，市、县两级约占 30%，绝大部分投资项目备案在市、县办理。然而，仍需高度重视的现实问题是，现在审批项目虽然少了，但办事环节依然很多，流程复杂、多头管理、效率低下等问题仍然相当严重，积极推进行政审批规范化建设是治理"审批难"的关键。

目前大陆虽然市场经济体制已经初步建立起来，但政府仍表现出很强的介入和干预市场的愿望。要改革现行的政府绩效评估体系，把考核重点从 GDP 的增长转移到社会公共服务的提供上。政府要摆脱"投资主体"的角色，减少政府的行政审批事项。同时，市场经济是法治经济，与之相适应，必须建立法治政府。政府必须依法行政，带头维护法律权威，改变以前的人治传统，实现人治政府向法治政府的转变。

---

① 蒋梦惟、张畅：《北京已取消、下放审批事项 529 项》，《北京商报》，2016 年 12 月 1 日。
② 《投资北京》杂志编辑部：《根治审批"沉疴"》，《投资北京》，2015 第 1 期，第 1 页。

2. 完善涉台法规，依法推进京台交流合作

长期以来，大陆社会经济发展进程中存在"有法不依、执法不严"现象，这种现象在两岸经济合作与台商投资活动中也存在，部分台商在大陆经营企业习惯于与地方政府官员"搞交情"，争取地方政府的税收优惠承诺，争取更低的地价甚至无偿取得土地，争取少缴或不缴"五险一金"。中共十八届四中全会提出"全面推进依法治国"，其中，明确提出"运用法治方式巩固和深化两岸关系和平发展"，"完善涉台法律法规，依法规范和保障两岸人民关系、推进两岸交流合作"。严格依法行使或进一步完善政策法规，对部分大陆台资企业过去依靠经营政商关系或争取地方政府法外承诺的传统经营模式产生较大冲击。

2014年12月，国务院发布《关于清理规范税收优惠政策的通知》(下称"62号文")，在2015年3月底前清理过去各项税收优惠做法，对过去长期享受各种特殊税收政策优惠的台资企业自然有影响。"62号文"主旨在于不允许地方政府再用税收补贴来盲目竞争招商，纠正过去开放政策中不一致的地方，尤其是清理有些不合理、不合法、已经过时甚至造成不正当竞争的明规则或"潜规则"。可以说文件的出台，既有现实的考虑，更有深刻的时代背景。这是大陆经济发展到一定程度的必然，也是大陆提升经济发展质量、建立市场公平竞争环境、建立政府"一条鞭"管理制度、依法行政的必要之举，其初衷并非针对大陆台商。

2015年5月11日，《国务院关于税收等优惠政策相关事项的通知》(国发[2015]25号)公布，其中明确规定，国家统一制定的税收等优惠政策要逐项落实到位；各地区、各部门已经出台的优惠政策有规定期限的，按规定期限执行；没有规定期限又确需调整的，由地方政府和相关部门按照把握节奏、确保稳妥的原则设立过渡期，在过渡期内继续执行；各地与企业已签订合同中的优惠政策继续有效。对已兑现部分不溯及既往，但未来投资与新建企业不会再有地方政府随意性的财税等优惠待遇。随着大陆经济日益与国际接轨，依循国际规则实施市场开放已成为必然趋势，难以在政策上对台资企业给予特殊的优惠措施。

三、争取实现有为政府与有效市场的统一

政府与市场的关系是现代经济学及经济发展中一对永恒的话题，在新结构主义经济学倡导者北京大学林毅夫教授看来，现代经济增长是一个结构变迁的

过程，经济发展必须认清经济体的各要素、禀赋、结构，发展符合比较优势的产业，这是发展中国家赶超发达国家的一个重要的政策指导方针。在这个过程中，政府和市场要各司其职，一方面发挥市场在资源配置中的决定作用，另一方面，政府也要发挥因势利导的作用。林毅夫（2013）[①] 从二战后各个经济体的发展经验事实出发，认为从二战后到现在，全世界只有台湾与韩国 2 个经济体从低收入变成中等收入、然后进入高收入，有 13 个经济体从中等收入变成高收入，绝大多数发展中国家长期陷在低收入或中等收入陷阱。在他看来，取得良好发展绩效的 15 个经济体具有的共同特点是在经济发展和转型中既有"有效的市场"，也有"有为的政府"；而发展不成功经济体的最主要原因就是没有处理好政府和市场的关系。

党的十八届三中全会通过的《中共中央关于全面深化改革若干重大问题的决定》明确提出，"使市场在资源配置中起决定性作用和更好发挥政府作用"。市场在资源配置中起决定作用对政府这只"有形的手"该如何伸、伸到哪里、伸多长，划定了明确的边界。这一定位告诉我们，市场作用是决定性的，政府的干预和调控必须通过市场发挥作用，必须符合市场运行的客观规律，而不是直接干预微观主体的活动。同时，突出市场的"决定性"作用，并不是说管得最少的政府，就是管得最好的政府，而是管得最合适、最有效的政府，才是最好的政府，既要解决好政府"越位"的问题，也要解决好政府"缺位"和"错位"等问题。也就是说，要更好发挥政府的作用。

经济发展理论与实践都表明，理想的经济发展及产业合作需要有为政府与有效市场的有机统一。具体到京台现代服务业合作领域，核心是合理界定未来促进两地合作中政府的主要职能，结合两地现代服务业合作中政府目前所起的功能作用，未来政府应在规划制定、市场标准设计、公共服务、环境保护、市场监管、社会管理六个方面更加有所作为。

其一，制定科学的市场规划与标准。经济活动本身就是竞争主体间的一场竞赛，有了明确的市场规则，经济主体才知道哪些可为哪些不可为，政府才能明确判断哪些是合规哪些是违规。并且违规惩罚制度必须健全，让经济主体知道违规成本，度量违规风险。制定科学的市场标准可以引导产业换代升级，如政府可制定技术、能耗、环保等方面的标准，有利于产业结构调整。

---

① 林毅夫：《有为的政府与有效的市场》，《中国财经报》，2013 年 12 月 14 日。

推动市场规则建设是政府的一项基本职能。政府的性质和特点决定了其在建立市场制度、标准和规则上必须且可以发挥重要的作用。市场规则不是自发形成的，政府要通过立法和必要的行政手段，制定行之有效的市场制度（如有效的契约制度和产权制度）、标准和规则，建立和完善社会主义市场经济体制，并以此来规范市场主体的经济行为，同时把行政权力关进制度的笼子里，以保证市场经济健康有序运行。

在建立健全了各项规则之后，各级政府就要按照规则对市场主体和市场行为进行监管，谁违反了规则，谁就要受到相应的处罚，既包括经济处罚和法律处罚，也包括行政处罚。处罚本身也必须有客观的依据和标准。

其二，提供公共服务。市场无法提供公共物品。公共物品是社会利益共享的物品，可谓社会利益极大。大多公共物品的投入巨大（例如基础设施建设），每个个体都需要它，都享有它，却不愿付出成本，所以即便公共物品的社会利益再大，追求个人利益的私人个体也不愿意提供它。

市场对资源配置的决定性作用不能放大到市场决定公共资源的配置。全社会的资源除了进入市场的市场资源外，还有公共资源。公共资源主要指政府的法律和政策资源，公共财政提供的公共性投资和消费需求等。公共资源的配置不能由市场决定，原因是公共资源配置是要满足公共需求，遵循公平原则，只能由政府决定。

在提供公共服务方面，政府作用要尊重市场规律，利用市场机制。必须由政府提供的公共服务，并非都要由政府部门生产和运作，有许多方面私人部门生产和营运更有效率。政府通过向私人部门购买服务的方式可能使公共服务更为有效，更有质量。例如推进城乡发展一体化的重要方面是推进基本公共服务的城乡均等化，在广大的农村城镇所要提供的基本公共服务不可能都由政府包揽，也可采取购买服务等方式。筹集公共资源也是这样。城市建设的资金可以由政府为主导建立透明规范的城市建设投融资机制，其中包括地方政府通过发债等多种方式拓宽城市建设融资渠道，允许社会资本通过特许经营等方式参与城市基础设施投资和运营。

其三，环境保护。环境保护是政府特别是地方政府的一项极为重要的职能。从一定意义上说，环境保护主要是解决经济运行中的外部性问题。对于经济运行中产生的有利于环境保护的正外部性，政府要给予鼓励、支持，必要时，还可以给予一定的经济奖励；对那些对环境保护不利的负外部性，如各种污染，要运用经济手段、法律手段和行政手段进行治理。对那些社会无法承受和容忍的负外部性，如严重的土地污染、空气污染和水污染等，必须通过法律手段和行政手段加以限制和禁止，而对于那些社会能够承受又无法避免的负外部性，则要通过经济手段使其降低到最低限度，并由外部性的造成者缴纳必要的费用，以便进行环境修复和补偿。

其四，加强市场监管。市场监管是政府的另一项重要经济管理职能。市场监管与资源配置密切相关，如果监管不力，会直接影响资源配置的方向、结构和效率。市场主体多样性，相互之间信息不对称，市场交易存在道德风险与逆向选择，极易产生投机行为。市场监管的目的就是要增加经济主体投机的机会成本或投机风险，抑制投机行为产生。为了体现监管的严肃性与权威性，要求政府监管者在加强监管的同时严格执法、秉公执法，培育市场公平竞争环境，维护好市场秩序。

在维持市场秩序方面，政府监管市场所要遵守的规则是，不当"运动员"，公正执法不吹"黑哨"。政府的作用，一靠法治，这是他律；二靠道德，这是自律。市场法治目标是营造法治化营商环境，通过法律手段严厉打击欺诈等失信行为，通过反垄断法和反垄断调查打击垄断行为。要加强社会信用体系建设。道德目标是建设道德规范，尤其是诚信问题。国家通过各种法定的和非法定的方式建立健全征信体系，褒扬诚信，鞭挞失信，形成全社会共同遵守的道德观和价值观。诚信成为自觉的行为，也就是自觉地遵从市场秩序。

其五，社会管理。社会管理主要是维护社会运行秩序的，它基本不影响资源的配置，但社会管理本身则需使用一定的资源，这些资源的配置需根据社会管理的需要加以决定，其中关键的问题是要提高它们的使用效率。

第八章　结论与政策建议

本项目在回顾评述政府与市场关系的相关基础理论、中国特色社会主义市场经济对政府与市场关系认知深化历程以及对两岸及京台服务业发展及合作现有研究基础上，从京台服务业发展及合作现状入手，先从整体上阐述京台现代服务业合作中的政府功能及市场作用；接下来进行重点分析，围绕金融业、现代信息服务业和文化创意产业 3 个重点合作领域进行深入细致的剖析；再接下来，综合前述研究对政府与市场的关系进行再思考，对市场和政府各自发挥的作用进行评价，对存在的问题进行反思，对优化的方向做出展望，并探讨在京台现代服务业合作中实现有效市场与有为政府的有机结合。在上述研究基础上，本章将对本项目得出的主要结论进行总结，并提出深化京台现代服务业合作的政策建议。

一、主要研究结论

第一，现代服务业是京台两地产业发展及合作的主体，两地在现代服务业领域的合作主要集中在金融业、现代信息服务业和文创产业等细分产业领域。

从经济发展所处阶段看，京台两地都处于服务业绝对主导的后工业化发展阶段，且现代服务业在服务业中占据主导地位。2015 年，服务业占北京市 GDP 比重为 79.7%，而在服务业内部现代服务业所占比重为 72.57%；服务业占台湾 GDP 比重为 64.55%，在服务业内部现代服务业所占比重为 48.57%。

目前，两地在现代服务业领域的合作也已经具有一定的基础。根据台湾"经济部投审会"核准台商对大陆投资数据，1991 年到 2015 年，台商对大陆累计投资金额 37.12 亿美元，其中服务业投资金额 25.85 亿美元，占 69.64%。就服务业内部看，投资在现代服务业领域金额合计 19.94 亿美元，占 77.14%；投资在传统服务业领域的 5.92 亿美元，占 22.86%。显然，台商对北京市服务业的投资主要集中在现代服务业领域。

从现代服务业内部细分行业看，台商对北京现代服务业投资的最主要行业是金融保险业和资讯及通讯传播业，1991 年至 2015 年在金融保险业累计核准投资额 14.99 亿美元，在资讯及通讯传播业累计核准投资额 2.74 亿美元。此外，因两地对文化创意产业的界定范围都跨多个统计意义上的产业领域，文创行业实际上也是两地的主导产业和双方合作的重点领域之一。

第二，在京台现代服务业合作过程中，政府与市场的作用都不可或缺，功能作用应各有侧重。

按照政府与市场关系的一般理论，可以将政府在经济发展中的职能归纳为"守夜人""干预者"和"裁判员"。就政府的一般功能而言，主要包括作为"市场失灵"弥补者的政府、作为产业政策制定者的政府以及作为公共产品提供者的政府；市场的主要功能则是其资源配置功能、信息传递功能和激励约束功能。

结合政府与市场关系的一般理论、改革开放以来中国大陆对政府与市场关系认识演变与实践做法，以及京台经贸发展及产业合作中政府与市场关系的实践，本项研究认为，在京台现代服务业合作中，政府应主要从政策松绑与扶持推动、平台搭建与载体建设以及提供各项公共服务方面发挥作用；市场的功能作用主要包括需求侧对合作的拉动、供给侧对合作的推动，以及合作自身产生的产业聚集效应。

第三，在京台金融业、现代信息服务业以及文化创意产业等重点产业合作过程中，北京市政府通过制定产业政策对产业合作起了导向及支持作用，通过搭建合作平台促进了双方合作；市场机制总体上发挥了基础性甚至决定性作用，双方的合作多建立在优势互补基础上。

金融业是北京市第一支柱产业，是京台现代服务业合作的最主要行业。在京台金融业发展及合作过程中，无论是台湾的金融机构到北京投资设点运营，还是中国银行、交通银行在台湾开设分行以及中国建设银行和招商银行在台湾设立代表处，都是市场主体在政策允许下的理性选择，市场是最根本的因素。同时，鉴于金融业还是受政策严格监管的特殊行业，政策对金融产业发展的推动作用不可小视，相关部门通过产业扶持政策、市场开放政策和建立相关合作机制等方式也发挥了重要作用。

现代信息服务业也是北京市和台湾现代服务业发展及合作的重点，在该领域的合作主要形式是台商在北京投资。在台商投资决策过程中，市场是最根本的因素；京台两地电子信息产业都比较发达，在信息服务业领域各有优势，这决定了两地市场主体可以以优势互补模式实现合作。同时，政府通过产业扶持政策和搭建相关合作平台等方式也发挥了重要作用，比如：中国电子工业标准化技术协会、中国通信标准化协会和华聚产业共同标准推动基金会自2005年共同主办的"海峡两岸信息产业和技术标准论坛"以及北京市自1998年创办的京台科技论坛，都对京台两地现代信息服务的合作起了推动作用。

文化创意产业是京台现代信息服务业合作的又一重点领域，京台两地政府都出台一系列政策支持文化创意产业的发展，这为两地文创产业合作也起了支持作用。京台两地都拥有丰富的文化资源且各有特色，都非常重视文创产业的发展，且在发展文创产业方面各具优势及劣势，具有相当的互补性，这是两地文创产业合作的市场基础。北京市政府搭建了一些促进两地文创企业交流合作的平台，如"北京文化周"和"京台文化创意产业展"，直接促进了两地文创企业的对接合作。

第四，在京台信息服务业合作中，政府作用主要体现在政策引导和合作平台搭建方面，但在为双方合作提供公共服务方面仍存在明显不足，这也是今后应重点改进提升的地方，未来应通过优化政府与市场的关系，争取实现有为政府和有效市场的有机结合。

在京台现代服务业合作中，政府部门（主要是北京市相关政府部门）通过产业政策和搭建合作平台引导和促进了两地在具体领域的合作，但也存在政府对市场主体不恰当的引导鼓励导致合作不成功的情况；此外，政府在提供公共服务方面存在诸多不足。从合作决策主体看，两地企业是最重要的市场主体，也是最基本的决策主体，表明市场机制发挥主导作用，但横向的对比也表明，市场机制下京台现代服务业合作的发达程度相对上海、广东、江苏等地仍显不足，有较大的提升空间。从要素资源流动视角看，制约台湾资本流入北京的障碍尤其是制度性障碍有明显减少，但北京市产业资本进入台湾，以及两地人力资源和技术资源流动方面仍受较多限制，表明两地现代服务业合作中市场机制的作用仍受到制度性障碍和现实诸多干扰因素的影响，仅能有限度地发挥作用。

京台现代服务业合作中政府与市场关系也是大陆政府与市场关系的一个缩影，也存在政府治理与市场功能的边界不清、政府强势导致市场体系不健全以及招商特惠政策导致合作被扭曲等问题。未来进一步优化政府与市场的关系，需要进一步转变政府职能，加快北京市的投资审批制度改革，同时完善涉台法规；未来政府应在规划制定、市场标准设计、公共服务、环境保护、市场监管、社会管理六个方面更加有所作为，以形成有为政府与有效市场的有机结合。

二、深化京台现代服务业合作的政策建议

为通过优化政府与市场关系，更好促进京台现代服务业合作，本项目组从建设有为政府的角度，提出以下政策建议：

1.继续消除制约要素资源流动的体制性障碍

2013 年 6 月两岸两会签署的《海峡两岸服务贸易协议》中，双方开放承诺共 144 条，涉及 100 多个服务行业，涵盖了商业、通讯、建筑、分销、环境、健康和社会、旅游、娱乐文化和体育、运输、金融等。大陆对台开放承诺 80 条（非金融领域开放承诺 65 条，金融领域 15 条），其中 78 条承诺超出 WTO 的开放水平；台湾方面开放承诺 64 条。《服贸协议》开放程度如此之高，一方面说明了两岸服务业合作前景广阔，另一方面也表明目前两岸在服务业领域的合作还存在许多限制性门槛。遗憾的是，台湾因内部问题致使该协议一直未能生效，不利于两岸及京台现代服务业深化合作。

北京市具有大陆其他地区难以比拟的发展现代服务业的优势，还有大陆庞大的消费市场作为依托，完全有条件在现代服务业领域引领两岸产业合作的深化，促进两岸经济融合发展。因此，建议北京市结合自身情况，积极探索率先实施服贸协议中对台资的部分甚至全部开放承诺，进一步吸引台湾优秀的服务业资源进入北京，为北京市经济发展提供支撑的同时，也为两岸服务业的全面深化合作探索积累经验。

此外，应积极更新政府投资指导理念，按照"负面清单"模式，落实国家鼓励中小微企业发展的精神，结合国家及北京市行政审批体制改革、放宽投资准入的相关政策，拓宽市场开放面，提高市场开放度，使包括台商在内的各类市场主体按照"非禁即入"的原则，依法平等地在"负面清单"之外的现代服务业领域投资发展，激活资源优化配置，提高产业发展活力。

2.完善相关法律法规，营造良好法治环境

进一步完善相关法律法规，逐步打破现代服务业发展中存在的行业垄断和技术垄断情况，逐步消除市场壁垒，引进科学竞争机制，按照市场规律和相关

服务标准，逐渐形成管理规范的市场准入制度。

针对信息服务业，建立健全信息服务业相关标准体系，积极参与国际标准制定工作。加快制定和完善信息服务业的有关法律法规，营造有利于现代信息服务业发展的法律环境。

3.强化政府公共服务职能

一是搭建项目合作公共服务平台。积极搭建两地现代服务业合作公共服务平台，比如在北京·台湾在线网站（www.bj.taiwan.cn）开通京台现代服务业合作直通车栏目，提供包括现代服务业发展政策、动态、项目对接信息等一系列公共服务，为两地现代服务业合作提供专业化、综合性的服务。

二是搭建合作研发和人才培训公共平台，促进现代服务业企业尤其是中小微型企业的技术升级和人才升级。搭建公共研发平台，为现代服务业企业提供包括科学数据共享、科技文献检索、仪器设施共享、资源条件保障、试验基地协作、专业技术、技术转移等在内的系统服务，重点帮助包括台资企业在内的中小型现代服务业企业解决其面临的共性和关键性技术问题；搭建公共人才训练中心，组织相关师资力量，根据现代服务业企业发展的实际需要开展包括新员工入门培训、中高级工培训、技师培训、专业技术人才以及经营管理人才在内的"订单式培训"，帮助企业提升员工素质和实战能力。

三是做好知识产权及信息安全保护。信息化与工业化的深度融合是当前大陆产业发展的一大趋势，也为北京市现代信息服务业以及京台两地在该领域深化合作带来好的机遇。这一趋势下，政府部门除了在促进信息技术与经济结合、信息互联互通、相关人才培养、促进信息技术成果转化等方面提供服务外，还要对信息安全和知识产权保护高度重视，未来产业的信息化、知识化、数字化程度越高，政府所发挥的保护性作用越大，在此方面，需要通过立法加强产业安全、知识产权、个人信息安全方面的保护。

4.优化产业布局，加快现代服务业重点园区和基地建设

一是按照城市整体功能优化的要求调整产业布局。城市功能核心区，探索和建设信息社会，加快开发文化、艺术和历史等领域的信息资源，利用电子商务提升传统商业竞争力；城市功能拓展区，构建服务全国、支撑高新技术研发与产业化的现代信息服务体系，发展知识性信息服务业；城市发展新区，实现信息化集约建设，示范信息带动工业化，促进投资和产业聚集；生态涵养发展区，加快资源及环境保护、生态农业的信息化进程，推动旅游信息化，促进

信息服务业发展；加快六大高端产业功能区信息化进程，推进现代服务业。以创新的思路，在中关村科技园、商务中心区（CBD）、金融街、奥林匹克公园、北京经济技术开发区和北京天竺加工出口区，建设高标准、满足未来发展需求的信息化基础设施，建设高效的电子政务和数字化人居环境，探索信息化支撑产业集群化的途径，树立信息化促进现代信息服务业和高科技产业发展的典范。

二是以市场化方式推进现代服务业园区的规划建设。设立园区是北京目前发展产业的主要模式。政府在规划建设现代服务业聚集区时，应以市场机制为导向，充分考虑企业的意愿和需求；要采用市场化模式，积极引进有园区开发经验的企业和产业龙头企业，规划园区产业发展，制定园区发展战略；加强聚集区公共服务平台建设，构筑市场化的资源共享模式，为园区企业和机构提供技术支持、咨询服务、决策辅助等各种服务，形成结构合理、分工明确、功能互补的专业服务网络。未来北京应重点推进中关村软件园、国家网络游戏和动漫产业发展基地、中关村创意先导基地、石景山数码娱乐产业基地等专业性园区和产业基地建设，建立数字出版、数字音视频、动漫游戏等专业孵化器，推进专业园区服务体系配套建设，同时适应信息服务业发展趋势，超前规划建设新的专业性园区，强化信息服务业的集聚效应。

5.完善现代服务业发展融资服务支撑体系

现代信息服务业各个行业中，绝大多数企业都是中小企业，它们发展面临的一个共性问题是融资难题，对于现代信息服务这样的兼具资本密集、技术密集的行业而言，业内企业发展更是需要足够的资金投入。目前，北京市金融服务体系尚不能满足全市现代服务业发展以及京台现代服务业全面深化合作的需要。为解决这一问题，需要深化投资体制改革，稳步增加政府对现代信息服务业投入，重点投向现代信息服务业发展急需的各类战略性、基础性、公益性领域，加快建立政府投入为引导、企业投入为主体、其他投入为补充的信息服务业发展投融机制。具体而言，设立现代信息服务业发展专项资金，支持现代信息服务重点行业的发展；加大财政及金融政策对现代信息服务业的支持支度，增加财政投入，加强金融支持，保障信息服务业发展所需资金。

建立和完善风险投资机制和体系，发挥种子资金的引导和放大作用，吸引民间资金和国外风险投资资金介入产业发展；拓宽直接融资渠道，鼓励和扶持重点企业通过产权交易、上市融资等多种途径获取发展所需资金；通过贴息、担保等方式鼓励商业银行加大对信息服务业企业的贷款力度，大力发展与融资有关的中介和担保机构，为信息服务业企业获取间接融资提供有力支持。加大科技项目对信息服务业企业的技术、知识产权和标准创新的支持，支持自主产品和服务取得更大的市场。

此外，还可以考虑通过金融业更大程度的开放，允许更多的台资银行进入北京设立分行或网点，以更好利用台湾的金融资源。这种模式一方面可以直接促进京台金融业合作，另一方面通过深化金融业合作，可以为两地在其他现代服务业领域的合作提供更多的金融支持，从而间接带动整个现代服务业领域的合作，同时还能为大陆台资企业的转型升级提供更多的融资渠道，可谓一举多得。

6. 充分发挥产业联盟的作用

2009 年以来，在推进两岸产业合作中，各种形式产业联盟扮演着日趋重要的角色，不仅体现在两岸经济合作委员会大力推动的 LED、冷链物流等产业领域，在物联网、机器人、云计算、可穿戴智能设备等智能制造新兴产业领域，产业联盟推进两岸产业合作的作用也逐渐呈现。相对制造业领域，两岸及京台两地在服务业领域的产业联盟还较少，亟待积极推动。

可以考虑先构筑京台信息产业合作联盟。这个联盟由政府支持、京台两地企业为主体协商推动，台企联、台湾电电公会、北京行业协会及产业推动机构、产业研究机构等作为会员组成。政府相关部门作为支持单位参与联盟重要活动。市台办作为对台政策部门，市科委、中关村委员会等作为业务部门支持联盟发展。北京市政府相关部门继续采取积极引导、信息咨询、法律保障、对台政策扶持等措施，加强信息产业合作实验区、信息产业园、技术合作项目试验点的建设，进一步优化和实化服务，继续鼓励台商投资项目，调整和优化京台信息产业合作结构，加快引进台湾的人才、管理、资金和技术，充分发挥这些合作平台"集聚"和"扩散"的功能和效应，共同推动京台在现代信息服务业领域的合作向纵深发展，实现优势互补、合作双赢。

参考文献

[1] 蒲国蓉、涂菲：《政府与市场关系理论演进及对我国的启示》[J]，《中共成都市委党校学报》，2006（2）：64-66。

[2] 陈振明：《市场失灵与政府失败——公共选择理论对政府与市场关系的思考及其启示》[J]，《厦门大学学报》，1996（2）：1-7。

[3] 彭俞超、张雷声：《正确认识和处理政府与市场关系的创新与发展》[J]，《山东社会科学》，2014（1）：10-14。

[4] 王玉柱：《从市场机制决定性作用看创新发展的实现路径——兼论发展方式转变过程中政府与市场关系的重构》[J]，《云南社会科学》，2014（3）：56-60。

[5] 周佑勇：《法治视野下政府与市场、社会的关系定位——以"市场在资源配置中起决定性作用"为中心的考察》[J]，《吉林大学社会科学学报》，2016（2）：27-34。

[6] 马勇、陈雨露：《金融发展中的政府与市场关系："国家禀赋"与有效边界》[J]，《财贸经济》，2014（3）：49-58。

[7] 张志元、马雷：《经济金融发展视野的政府与市场关系再定位》[J]，《改革》，2014（1）：25-32。

[8] 刘汉超：《社会主义市场经济体制下的政府与市场关系》[J]，《经济问题》，2016（4）：46-50。

[9] 张玉磊：《新型城镇化进程中市场与政府关系调适：一个新的分析框架》[J]，《社会主义研究》，2014（4）：103-110。

[10] 胡拥军：《新型城镇化条件下政府与市场关系再解构：观照国际经验》[J]，《改革》，2014（2）：120-130。

[11] 董法尧、李如跃、杨权、吴建国：《分配正义视阈下政府与市场关系探

讨》[J]，《经济问题》，2016（3）：41-45。

[12] 王广亮、辛本禄：《供给侧结构性改革：政府与市场关系的重构》[J]，《南京社会科学》，2016（11）：25-30。

[13] 白永秀、王颂吉：《我国经济体制改革核心重构：政府与市场关系》[J]，《改革》，2013（7）：14-21。

[14] 孙天承：《政府、市场关系的厘清与作用发挥的法治保障》[J]，《南京农业大学学报（社会科学版）》，2015（1）：108-113、127。

[15] 李芸、战炤磊：《政府与市场关系的模式重构与路径选择——全面深化改革背景下的系统考量》[J]，《南京社会科学》，2015（11）：70-76。

[16] 吕明元：《产业政策、制度创新与具有国际竞争力的产业成长》[J]，《经济社会体制比较》，2007（1）：134-137。

[17] 李保明、周小柯：《两岸产业政策比较与协调研究》[J]，《台湾研究集刊》，2015（2）：47-53。

[18] 皮建才：《政府在经济发展中的作用——基于产业政策视角的考察》[J]，《经济社会体制比较》，2008（2）：33-38。

[19] 周叔莲、吕铁、贺俊：《新时期我国高增长行业的产业政策分析》[J]，《中国工业经济》，2008（9）：46-57。

[20] 朱迎春：《政府在发展战略性新兴产业中的作用》[J]，《中国科技论坛》，2011（1）：20-24。

[21] 剧锦文：《战略性新兴产业的发展"变量"：政府与市场分工》[J]，《改革》，2011（3）：31-37。

[22] 徐枫、陈昭豪：《金融支持新能源产业发展的实证研究》[J]，《宏观经济研究》，2013（8）：78-85、93。

[23] 李传健、邓良：《新型城镇化与中国房地产业可持续发展》[J]，《经济问题》，2015（1）：119-123。

[24] 胡晨光、程惠芳、俞斌：《"有为政府"与集聚经济圈的演进——一个基于长三角集聚经济圈的分析框架》[J]，《管理世界》，2011（2）：61-69、80。

[25] 尹林辉、付剑茹、刘广瑞：《地区金融发展、政府干预和产业结构调整——基于中国省级面板数据的经验证据》[J]，《云南财经大学学报》，2015（1）：42-54。

[26] 付才辉：《政策闸门、潮涌通道与发展机会——一个新结构经济学视角

下的最优政府干预程度理论》[J]，《财经研究》，2016（6）：4-16。

[27] 刘震涛、王花蕾：《ECFA与两岸产业合作研究》[J]，《福建论坛·人文社会科学版》，2010(9)：115-119。

[28] 王建民：《ECFA开启两岸经济合作制度化与经济一体化新局》[J]，《今日中国》，2010(8)：15。

[29] 张冠华：《"十二五"时期两岸产业合作的机遇与方向》[J]，《台湾研究》，2011(3)：16-22。

[30] 唐永红：《ECFA下两岸经济制度性合作与一体化发展问题探讨》[J]，《台湾研究集刊》，2012(5)：64-71。

[31] 朱云鹏：《两岸产业合作的现状与未来》[J]，《亚洲金融季报》，2014年4月刊，第31-37页。

[32] 李应博、刘震涛：《国际产业转移背景下两岸产业协调发展：现况、机制与对策》[J]，《国际经济评论》，2011(3)：148-160。

[33] 徐晞：《海峡两岸文化创意产业合作研究——基于民间组织平台》[J]，《经济体制改革》，2015(4)：190-194。

[34] 尚光一：《两岸文化产业互补视野中的海峡出版创意产业集群构建》[J]，《福建师范大学学报（哲学社会科学版）》，2016(2)：213-222。

[35] 赵旭梅：《ECFA框架下京台观光农业合作前景展望》[J]，《国际经济合作》，2011(4)：14-17。

[36] 孙兆慧、金彦平：《京台休闲农业合作的SWOT分析》[J]，《亚太经济》，2013(6)：134-137。

[37] 李红梅：《京台文化创意产业合作机制》[J]，《全球科技经济瞭望》，2014(5)：56-63。

[38] 孙兆慧：《京台文化创意产业合作现状、存在问题及对策建议》[J]，《国际经济合作》，2015(6)：93-95。

[39] 孙兆慧：《京台金融服务业合作前景分析》[J]，《两岸关系》，2011(2)：36。

[40] 孙桂生、马俊红：《基于物联网的京台金融服务业交流合作研究》[J]，《经济研究导刊》，2013(34)：135-136。

[41] 北京市统计局、国家统计局北京调查总队编：《北京市统计年鉴2016》[Z]，中国统计出版社，2016年10月版。

[42] 台湾经济研究院:《台湾服务业发展策略之规划》[M]，联经出版社，2007年。

[43]《中国经贸》编辑部:《牵手京台融通两岸、互利合作共创双赢》[J]，中国经贸，2013（11）：56。

[44] 王善迈主编:《市场经济中的政府与市场》[M]，北京师范大学出版社，2002年。

[45] 陈雨露:《金融发展中的政府与市场关系》[J]，《经济研究》，2014（1）：16-18。

[46] [美] 维托·坦茨:《政府与市场：变革中的政府职能》[M]，王宇等译，商务印书馆，2014年版。

[47] [英] 亚当·斯密:《国民财富的性质和原因的研究》（下卷）[M]，商务印书馆，1974年版。

[48] [美] 斯蒂格利茨:《经济学》（第二版）[M]，梁小民、黄险峰译，中国人民大学出版社，2000年版。

[49] 王丹:《市场激励约束机制的作用机理探析》[J]，《经济研究导刊》，2011（7）：40-41。

[50] 陆珺珺:《北京向台商开放更多投资领域》[J]，《台声杂志》，1994（8）：28。

[51] 曹阳:《区域产业分工与合作模式研究》[D]，吉林大学，2008年。

[52] 刘妍:《京津金融一体化发展研究》[D]，首都经济贸易大学，2014年。

[53] 何佳艳:《新三板改变投资生态》[J]，《投资北京》，2016（2）：51。

[54] 北京市金融工作局、北京市发展和改革委:《北京市"十三五"时期金融业发展规划》[EB/OL]，2016年12月，http://www.bjjrj.gov.cn/tztg/c44-a1647.html。

[55] 中国人民银行:《加入WTO后中国金融业对外开放的内容与时间》[J]，《中国人民银行文告》，2011（25）：3-17。

[56] 国家信息中心、中国信息协会:《中国信息年鉴》[M]，北京：中国信息年鉴期刊社，2008。

[57]《台湾产业结构优化——三业四化行动计划》[EB/OL]，台湾"经济部工业局"网站，参见 http://www.moeaidb.gov.tw/external/ctlr?PRO=policy.PolicyView&id=2007。

[58] 人民出版社编:《中国共产党第十八届中央委员会第三次全体会议文件选编》[M], 人民出版社, 2013 年版。

[59] 高尚全:《经济体制改革的核心是处理好政府与市场的关系》[J],《全球化》, 2013 年第 5 期。

[60] 人民出版社编:《中共中央关于全面深化改革若干重大问题的决定》[M], 人民出版社, 2013 年。

[61] 蒋梦惟、张畅:《北京已取消、下放审批事项 529 项》[N],《北京商报》, 2016 年 12 月 1 日。

[62] 投资北京杂志编辑部:《根治审批"沉疴"》[J],《投资北京》, 2015（1）：1。

[63] 林毅夫:《有为的政府与有效的市场》[N],《中国财经报》, 2013 年 12 月 14 日。

[64] Wade, R. *Governing the market: Economic theory and the role of government in East Asian industrialization*[M], Cambridge university press, 1988.

[65] Linda Weiss and John Hobson. *Suite and economic development: A comparative historical analysis*[M], Polity press, 1995.

[66] Stefan Halper, *The Beijing Consensus: How China's Authoritarian Model Will Dominate the Twenty-First Century* [M], Basic Books, 2010.

[67] Chalmers Johnson, *MITI and Japanese miracle: The growth of industry policy*[M], Stanford university press, 1982.

[68] Amsden, Asia's next giant: How Korea competes in the world economy [J]. *Technology review*, 1989,92(4):46-53.

[69] Evans Peter. *Embedded Autonomy: State and Industrial Transformation* [M], Princeton: Princeton University Press, 1995, p12.

[70] Sean O. Riain, States and Markets in an Era of Globalization[J], *Annual Review of Sociology*, 2000, 26: 187-213.

后　记

　　本书是我主持的北京市哲学社会科学规划办重点课题"京台现代服务业合作的政府与市场关系研究"的研究成果。本书的完成需要做大量的调研工作，在调研过程中得到了北京市台办经济处刘清处长、北京市台湾同胞联谊会许俊章处长、北京台湾街田晓彦经理及西城区、东城区、海淀区、朝阳区、石景山区、丰台区台办的大力支持，在此表示衷心的感谢！

　　北京联合大学台湾研究院周小柯博士、南开大学台湾研究所朱磊教授、中国社会科学院台湾研究所王建民研究员等专家学者对本书（或相关章节）提出了宝贵的建议，在此对他们表示由衷的感谢！我也特别感谢北京联合大学台湾研究院领导的支持！

　　最后，要感谢我的家人，感谢他们一直以来的默默支持与包容，以及精神上的鼓励与打气，让我不管遇到什么困难，都能怀着一颗宽容、感恩的心去面对工作和生活。

孙兆慧
2017 年 11 月于北京